AKLINDAKİNİ OKUYABİLİRİM!

Bir Daha Asla Aldatılmayın, Kullanılmayın, Yalana Kanmayın

Dr. DAVID J. LIEBERMAN

KORİDOR YAYINCILIK - 66
ISBN: 978-9944-983-90-7

YAYINEVİ SERTİFİKA NO: 16229
MATBAA SERTİFİKA NO: 16318

AKLINDAKİNİ OKYABİLİRİM / Bir Daha Asla Aldatılmayın, Kullanılmayın, Yalana Kanmayın
Dr. David J. Lieberman

Özgün Adı: *YOU CAN READ ANYONE / Never Be Fooled, Lied To or Taken Adventage of Again*

© 2007 David J. Lieberman
© Bu kitabın Türkiye'deki yayın hakları Koridor Yayıncılık'a aittir.
Yayıncının izni olmaksızın çoğaltılamaz, kaynak gösterilmek suretiyle alıntı yapılabilir.

Yayın yönetmeni: Erdem Boz
Editör: Zübeyde Abat
İngilizce aslından çeviren: Selim Yeniçeri
Sayfa tasarımı: Bilgin Budun
Baskı ve cilt: Oktay Matbaacılık, İstanbul

1. baskı: Koridor Yayıncılık, İstanbul

KORİDOR YAYINCILIK
Maltepe Mah. Davutpaşa Cad. MB İş Merkezi
No: 14 Kat: 1 D: 1 Zeytinburnu / İstanbul
Tel.: 0212 – 544 41 41 / 544 66 68 / 544 66 69
Faks.: 0212 – 544 66 70
E-posta: info@koridoryayincilik.com.tr
www.koridoryayincilik.com.tr

Genel Dağıtım: **YELPAZE DAĞITIM**
Tel.: 0212 544 46 46 / 544 32 02 – 03
Faks: 0212 544 87 86
E-posta: info@yelpaze.com.tr

AKLINDAKİNİ OKUYABİLİRİM!

Bir Daha Asla Aldatılmayın, Kullanılmayın, Yalana Kanmayın

Dr. DAVID J. LIEBERMAN

Çeviren:
Selim Yeniçeri

İÇİNDEKİLER

Bu Kitabı Nasıl Kullanacaksınız?..................7
GİRİŞ..................9

1. KISIM
(7 TEMEL SORU)

1. BÖLÜM
Bu Kişi Bir Şey Gizliyor mu?..................18
2. BÖLÜM
Hoşlanıyor mu, Hoşlanmıyor mu?..................29
3. BÖLÜM
Gerçekten Kendine Güveniyor mu,
Yoksa Güveniyormuş Gibi mi Yapıyor?..................45
4. BÖLÜM
Gerçekte İşler Nasıl?..................61
5. BÖLÜM
İlgi Seviyelerini Ölçmek: İlgileniyor mu, Yoksa
Zamanınızı Boşa mı Harcıyor sunuz?..................75
6. BÖLÜM
Müttefik mi, Sabotajcı mı: Gerçekte
Kimin Tarafında?..................89

7. BÖLÜM
Duygusal Profil: Karşınızdaki Kişi Ne Kadar
Mantıklı, Tutarlı ve Aklı Başında?...........................105

**2. KISIM
ZİHNİN PLANI:
KARAR VERME SÜRECİNİ ANLAMAK**

8. BÖLÜM
S.N.A.P. Kişilik Tipine Dayanmaz..........................121
9. BÖLÜM
Temel Düşünce Renkleri..125
10. BÖLÜM
Yaptığımız Şeyi Neden ve Nasıl Düşünürüz?..........135
11. BÖLÜM
Özgüvenin Etkisi: Büyük Altılı................................141
12. BÖLÜM
Özgüveni Güçlü mü, Yoksa Öyleymiş
Gibi mi Davranıyor? Beş Tuzak..............................153
13. BÖLÜM
Özgüven Dedektörü: Kişinin Özgüven
Seviyesini Belirlemek...159
14. BÖLÜM
Üç Tip Profili...168
15. BÖLÜM
Profil Oluşturma Sanatı ve Bilimi:
Gerçek Hayattan Örnekler......................................171

SONUÇ..195
KAYNAKÇA...197

Bu Kitabı Nasıl Kullanacaksınız?

1. Kısım, temel düşüncelerini, duygularını ve hislerini hızlı bir şekilde belirlemenize yardımcı olacak yöntemleri gösterecektir. Bu sistem herkes, her yer, her fikir veya her durum için aynı şekilde işler. Örneğin, sadece dakikalar içinde birinin ilgili olup olmadığını, kendine güvenip güvenmediğini, korkup korkmadığını, dürüst olup olmadığını, bir şey gizleyip gizlemediğini anlayabilirsiniz.

Bu bölümde, başka birinin düşünceleri ve niyetleri ile ilgili aklınıza gelebilecek başlıca yedi soruya odaklanacağız ve tekniklerin nasıl kolayca uygulanabildiğini göstermek için gerçek hayattan örnekler sunacağız. Kitaptaki her bölüm, çeşitli gözlem ve konuşma tekniklerini içermektedir.

Bazı durumlarda, konuşma sırasında bilgiye ihtiyaç duyduğunuz kişiyle doğrudan temasa giremeyeceksiniz. Böyle durumlarda, çok çeşitli işaretler kullanan bir strateji benimseyeceksiniz. Diğer zamanlarda, söz konusu kişiyle doğrudan iletişime girebilecek, daha karmaşık stratejileri kullanabileceksiniz.

2. Kısım, daha kapsamlı görüşe ihtiyaç duyduğunuz durumlarda kullanacağınız teknikleri içermektedir. Bu kısımda, herhangi birinin mükemmele yakın profilini oluşturmayı, ne düşünüp hissettiğini söylemeyi ve bir sonraki adımının ne olacağını tahmin etmeyi öğreneceksiniz.

Örneğin, 1. Kısım'daki teknikleri uygulayarak, ilk kez çıktığınız kişinin sizinle gerçekten ilgilenip ilgilenmediğini anlayabilirsiniz. Daha sonra, söylediğiniz ya da yaptığınız herhangi bir şeye nasıl karşılık vereceğini anlamak için tam bir profilini oluşturacaksınız. Pazarlık ederken, karşı tarafın dürüstlük ve güven seviyelerini kolayca ölçebilirsiniz.

Ama nasıl ilerleyeceğini, esnekliğini nasıl ölçebileceğinizi bilmek veya doğru tuşları bulmayı isterseniz, çabucak ve gizlice bir profil oluşturmak için bu psikolojik stratejiyi kullanabilirsiniz.

Belirgin ve gerçek hayattan örnekler kullanarak, bir jüri üyesinin kolayca etkilenip etkilenemeyeceğini, suçlu bir şüphelinin itiraf mı edeceğini, yoksa hikayesinde ısrarını sürdüreceğini mi, bir kişi sevimsiz bir gerçeği öğrendiğinde bağışlayıcı olup olmayacağını öğrenebilirsiniz.

Bu kitap, her durumda kolayca temele ulaşmayı, kullanılmaktan kaçınmanızı ve karşınızdakinden daima üstün durumda olmayı öğrenmenizi sağlayacaktır; hem de en fazla beş dakika içinde!

GİRİŞ

Hiç gerçekte ne düşündüğünü öğrenmek için birinin zihnine bakabilmeyi dilediniz mi? Artık son derce ileri seviyede, psikolojik temelli bir sistemi kullanarak bunu yapabilirsiniz. Türünün tek örneği olarak bu kitap, karşınızdaki kişinin düşüncelerini ve duygularını her durumda, her yerde ve her seferinde kolayca ölçebilmenizi sağlayacak tam, pratik ve kullanımı kolay bir program sunuyor.

Açıkçası, *Aklındakini Okuyabilirim*, beden diliyle ilgili ortalıkta dolaşan fikirlerin bir derlemesi değildir. Bir kadının saç biçiminin ruhuna sınırsız ulaşım sağlayacağını veya sezgilerinize dayanarak insanlar hakkında son derece belirsiz genellemeler yapabileceğinizi söylemeyeceğiz. Bu kitap, birinin ellerini tutuşuna veya ayakkabılarını bağlayışına göre nasıl çıkarımlarda bulunabileceğinizi anlatmayacak.

Burada verilen prensipler, bazen ve bazı insanlar üzerinde işe yarayan fikirler, teoriler veya hileler değildir. Bu kitap, neredeyse her durumda herhangi birinin üzerinde hemen kullanabileceğiniz, kanıtlanmış psikolojik teknikler içermektedir.

Bu, her seferinde, herkesi mükemmel bir tutarlılıkla tahlil edebileceğiniz anlamına mı geliyor? Hayır. Sistem yüzde yüz yanılmaz değildir. Ama her karşılaşmanızda belirgin bir istatistiki avantaja sahip olacaksınız. İnsan davranışlarını yöneten en önemli psikolojik araçları kullanırken sadece oyun sahasında ne yapacağınızı bilmekle kalmayacak, aynı zamanda otomatik bir avantaj yakalayacaksınız.

Ancak, anlamanız gereken önemli bir nokta var: Bu kitap, birinin düşündüğü rakamı bilmek veya öğle yemeğinde ton balıklı sandviç yemeyi planladığını anlamak için sözde "telepati" yeteneği geliştirmenizi sağlamayacak.

Aklındakini Okuyabilirim, gerçek hayat durumlarında birinin ne düşündüğünü ve nasıl hissettiğini adım adım anlamanızı sağlayacak bir yöntem sunuyor. Örneğin, bir poker oyuncusunun pas geçip geçmeyeceğini, bir pazarlamacının güvenilir olup olmadığını, biriyle ilk kez buluştuğunuzda ilişkinin istediğiniz yönde mi, yoksa aksi yönde mi gittiğini kesinlikle ve kolayca anlayabileceksiniz.

Risk yüksek olduğunda, kendi şansınızı yükseltmekten fazlasını yapın. Oyunu kaybetmeyeceğiniz şekilde ayarlayın!

1. KISIM

7 TEMEL SORU

Herhangi bir durumda ve her türlü şartlarda, birinin ne düşündüğünü ve neler hissettiğini çabucak ve kolayca bulmayı öğrenin.

- Bu kişi bir şey gizliyor mu?
- Hoşlanıyor mu, hoşlanmıyor mu?
- Gerçekten kendine güveniyor mu, yoksa güveniyormuş gibi mi yapıyor?
- Gerçekte işler nasıl?
- İlgileniyor mu, yoksa zamanınızı boşa mı harcıyor?
- Gerçekte kimin tarafında?
- Karşınızdaki kişi ne kadar mantıklı, tutarlı ve aklı başında?

1. BÖLÜM

BU KİŞİ BİR ŞEY GİZLİYOR MU?

"Dürüstlük en iyi politika olabilir ama eleme yöntemiyle, yalancılığın da en iyi ikinci politika olduğu unutulmamalıdır."

— George Carlin

Karşınızdaki kişinin el altından bir şeyler yürüttüğü konusunda bir şüpheniz olduğunda, üç temel seçeneğiniz vardır: Kişiyle yüzleşirsiniz, duruma aldırmamayı seçersiniz veya daha fazla bilgi toplamaya çalışırsınız.

Kişiyle yüzleşirseniz, onu sadece savunmacı davranmaya zorlamakla kalmazsınız, aynı zamanda eğer yanılmışsanız, paranoyak veya kıskanç gibi görünebilir ve ilişkinize zarar verirsiniz.

Duruma aldırmamak zor olabilir ve muhtemelen size zarar verebilir.

Son olarak, kendi başınıza daha fazla bilgi toplamak çok fazla zaman kaybettirir ve ortalıkta gizlice dolaşırken yakalanırsanız, aleyhinize olabilir.

Dürüstçe olmayan bir şeyler döndüğünü hissettiğinizde – ergenlik çağındaki çocuğunuzun uyuşturucu kullanması, çalışanlarınızdan birinin hırsızlık yapması ve arkadaşınızın sadakatsizlik etmesi gibi – kişinin neyin peşinde olduğunu veya neler düşündüğünü anlamak için aşağıdaki tekniklerden birini kullanabilirsiniz.

1. Teknik: Zihin Okuma

Never Be Lied to Again (Kimse Size Yalan Söyleyemez) adlı kitabımda belirttiğim gibi, bu teknik, birinin

AKLINDAKİNİ OKUYABİLİRİM!

gizleyecek bir şeyi olup olmadığını dakikalar içinde anlamanızı garantiler. Genellikle halk arasında mürekkep lekesi adıyla bilinen Rorschach testi gibi çalışır. Testin ardında yatan teori, kişinin şekillere yaptığı yorumun bilinçaltı tutumlarını ve düşüncelerini ortaya koyduğudur.

Bizim tekniğimizde de aynı teoriyi kullanıyoruz ama tamamen farklı bir şekilde ele alıyoruz: *Sözel olarak.* Karşınızdaki kişiye her konuda suçlamayan ama konuyu açığa çıkaran sorular sorabilirsiniz. Sonra, sadece tepkisini ölçerek, kişinin saklayacak bir şeyi olup olmadığını anlayabilirsiniz.

Bunu yaparak, duyarlı bir konuyu açabilir ve kişinin o konuda rahat mı olduğunu, yoksa endişe mi duyduğunu, hiçbir şekilde suçlamadan anlayabilirsiniz. Bir örneğe bakalım:

ENSTANTANE

Bir satış müdürü, pazarlama elemanlarından birinin ofis malzemelerini çaldığını düşünüyor. "Şirket malzemelerinden çalıyor musun?" diye sormak, elemanı hemen savunmacı konuma geçirecek, gerçeği öğrenmeyi neredeyse imkansız hale getirecektir. Suçlu değilse, elbette ki müdüre çalmadığını söyleyecektir. Suçluysa, muhtemelen yalan söyleyecek ve malzemelerden aşırmadığını iddia edecektir. Bunun yerine, müdür tehdit edici olmayan bir şey söyleyebilir. Örneğin, "Jill, bana bir konuda yardımcı olabilir misin? Satış bölümünden birinin kişisel kullanım için ofis malzemelerinden alıp eve götürdüğünü fark ettim. Bunu nasıl durdurabileceğimiz konusunda bir fikrin var mı?" Şimdi yapacağı tek şey, elemanın tepkisini izlemektir.

Eğer eleman sorular sorar ve konuyla ilgilenirse, mantıklı bir şekilde, müdür onun çalmadığını düşünebilir ama eğer eleman huzursuz olur ve konuyu değiştirmeye çalışırsa, muhtemelen suçludur. Müdür, elemanın davranış ve tutumundaki değişimi hemen gözlemleyebilir. (Endişe ve güvensizlik konusunda daha detaylı işaretler için, 3. Bölüm'e bakınız.)

Eğer masumsa, muhtemelen tavsiyede bulunacak ve fikri sorulduğu için memnun olacaktır. Suçluysa, belirgin bir şekilde huzursuz olacak ve muhtemelen çalmak gibi bir şeyi asla yapmayacağına garanti verecektir. Kendisini suçlu hissetmiyorsa, elbette ki kendisini resme sokması için bir neden yoktur.

Diğer bir teknik, kimin belli bir şeyi (karşınızdaki kişinin yaptığını düşündüğünüz şey her neyse) yapabileceğini yüksek sesle düşünmek ve söz konusu kişinin buna verdiği tepkiyi gözlemlemektir. Bunun nasıl işlediğine bir bakalım.

ENSTANTANE

Bir kadın, çıktığı adamın biraz tuhaf davrandığını düşünüyor ve uyuşturucu madde kullanıp

AKLINDAKİNİ OKUYABİLİRİM!

kullanmadığını merak ediyor; reçeteli ya da reçetesiz. Bunu öğrenmek için, "İnsanların uyuşturucu kullanması ve etrafındakilerin bunu anlamaması ilginç değil mi?" diye yüksek sesle sorabilir. Buna karşılık, şöyle de diyebilir: "Okuduğum bir yazıda, yetişkinlerin yüzde 33'ünün hayatlarının o ya da bu zamanında keyif verici maddeleri denediğini söylüyordu."

Böylelikle konuyu dolaylı olarak açar ve karşısındakinin tepkisine bakarak, madde kullanımıyla ilgili gerçeği gizleyip gizlemediğini anlayabilir. Kadının sözünü ettiği türden eylemlere girişmeyen biri, muhtemelen istekli bir şekilde sohbete katılacaktır ama bu eylemlere girişen biri, tipik bir şekilde konuyu değiştirmeye çalışacaktır.

Bu teknik, karşınızdaki kişiden tavsiye istemek şeklinde de uygulanabilir.

ENSTANTANE

Bir hastane yöneticisi, doktorun görev başında içki içtiğinden şüpheleniyor. Şöyle diyebilir: "Dr. Smith, bir konuda fikrinizi almak istiyorum. Başka bir hastanede çalışan bir meslektaşımın doktorlarından biriyle ilgili bir sorunu var. Görev başında içki içtiğini düşünüyor. Bu doktora nasıl yaklaşması gerektiği konusunda öneriniz olabilir mi?"

Yine, eğer doktor bu davranışla ilgili suçluysa, muhtemelen çok huzursuz olacaktır. Görev başında içki içmiyorsa, tavsiyesini istediğiniz için memnun olacak, hevesli ve mutlu bir şekilde sunacaktır.

2. Teknik: Dr. Bombay'i Anons Etmek

Birinin belli bir kişiyi tanıdığını veya belli bir şeyi bildiğini düşünüyorsanız, gerçeği bulmanıza yardımcı olacak "Dr. Bombay'i Anons Etmek" tekniğini kullanabilirsiniz. Teknik psikolojik bir prensiple işler: Bir kişi, daha önce tanımadığı kişilere veya bilmediği konulara eşit ölçüde çekim duyar. Örneğin, kişi Fred, Peter veya Marvin'i hiç duymadıysa, onlara karşı ilgisi eşit olacaktır. Buna karşılık, kendini en yakın hissettiği konuya doğal olarak ilgi gösterecektir. Marvin'i tanıyor ama diğer ikisini tanımıyorsa, Marvin'in adı geçtiğinde daha fazla ilgi gösterecektir.

Bu teknik, kişiye aynı derecede seçenekler sunar. Eğer ilgisi bir konuya diğerlerinden daha çok kayıyorsa, muhtemelen size açıklamadığı belli bir bilgiye sahip demektir. Bu teknik nasıl işler?

ENSTANTANE

Bir personel müdürü, Jimmy'nin şirketten ayrılmayı ve müşteri listesini de beraberinde götürmeyi planladığından şüpheleniyor. Jimmy'nin ra-

AKLINDAKİNİ OKUYABİLİRİM!

kip şirketin sahibi olan "Bay Siyah" ile buluştuğunu düşünüyor.

Dolayısıyla, müdür Jimmy'yi bir masaya oturtuyor ve önüne "Bay Yeşil," "Bay Mavi" ve "Bay Siyah" etiketli üç dosya koyuyor. Eğer Jimmy daha önce Bay Siyah ile buluştuysa veya onunla görüşmeyi düşünüyorsa, bakışları başlangıçta Bay Siyah'ın dosyasına diğerlerinden daha fazla odaklanacaktır. Daha sonra dikkatini o dosyadan uzaklaştırmaya çalışabilir.

Bu tekniği uygulamanın diğer yolu, sadece konu hakkında konuşmak ve odağını dinlemektir. Öncelikle, bütün gerçekleri ikinizin de bildiği şekilde açıklayın. Sonra, *birini değiştirin*. Eğer dikkati değişen gerçeğe kayarsa, durumun kendisinin farkında olduğunu kolayca anlayabilirsiniz.

Örneğin, diyelim ki bir detektif bir soygunla ilgili olarak şüpheliyi sorguya çekiyor. Raporu okuyor, şüpheliye olanları tam haliyle anlatıyor ama suçla ilgili önemli kilit noktalarından birini değiştiriyor. Eğer şüpheli suçluysa, dikkati güdüsel olarak o kilit noktaya kayacak, duyduğu şey onu şaşırtacaktır. Sizi doğru duyduğundan emin olmak isteyecek ve dahası, "tutarsızlığı" neden suçu işlemiş olamayacağına dair kanıt olarak kullanacaktır. Ama bu gerçeğe odaklanması gerektiğini bilmesi, suçu gerçekten işlemiş olduğunu gösterecektir. Eğer masumsa, olayın detaylarını hiçbir şekilde bilemeyeceği için, onları "doğru" ya da "yanlış" şeklinde ayıramayacaktır. Bu diyaloğun nasıl olabileceğine bir bakalım:

ENSTANTANE

Detektif, şüpheliye "gerçekleri" bildiği haliyle okur. "Şüpheli kasiyeri vurdu, Kaliforniya plakalı yeşil bir sedanla kaçtı (yanlış bir detay ekler), başka bir arabaya çarptı, indi, bir çitin üzerinden atladı ve uzaklaştı." Eğer şüpheli suçluysa, tutarsız detayı sorgulayacaktır: "Başka bir arabaya mı çarptı? Benim arabamın üzerinde tek bir çizik bile yok. Benim arabam olamaz!" Bu sunduğu masumiyet "kanıtı," aslında yanlış detayı kullanmakta ve böylelikle bütün hikayeyi bildiğini ortaya koymaktadır.

3. Teknik: Ne Düşünüyorsun?

Bu tekniğin kilit noktası suçlamak değil, bilgilendirmektir. Karşınızdaki kişinin verdiği karşılık, size gizlediği bir şey olup olmadığını gösterecektir. Sıralama, yeni bilgi sunulduğunda kişinin zihin yapısını inceler.

Örneğin, Pauline rutin muayenesi için doktoruna gidiyor. Doktoru kan testi sonuçlarını aldığında, onu arayarak uçuk virüsüne yakalandığını söylüyor. Son zamanlarda birlikte olduğu erkekleri düşünerek, hastalığı ona bulaştıranın Mike veya Howie olabileceğine karar veriyor. İki "şüpheliye" kendisine hastalığı bilerek bulaştırıp bulaştırmadıklarını doğrudan sormak muhtemelen işe yaramayacak, çünkü muhtemelen ikisi de inkar edecek. Bu yüzden şunu yapıyor:

AKLINDAKİNİ OKUYABİLİRİM!

ENSTANTANE

Pauline iki adamı da arıyor ve doğal bir tavırla uçuk virüsüne yakalandığını söylüyor. Aldığı karşılıklar, onu doğruca suçluya götürüyor. Haberi aldıktan sonra, iki adam şöyle karşılık veriyorlar:

Mike: "Hey, bana bakma! Benden geçmedi! Ben temizim."

Howie: "Neye yakalandın? Ne kadar zamandır? Bana da bulaştırmış olabilirsin! Buna inanamıyorum. Emin misin?"

Sizce suçlu hangisi olabilir? Eğer Mike'ı tahmin ettiyseniz, haklısınız. Pauline'in kolayca bulaşan ve tedavisi olmayan bir hastalığa yakalandığını duyduğunda, bulaştıran kişinin kendisi olduğu konusunda suçlandığını düşünerek hemen savunmacı bir tavır sergiliyor. Zaten bu virüsü taşıdığını bildiğinden, kendi sağlığı için endişelenmiyor. İstediği tek şey, Pauline'i suçlu olmadığına inandırmak.

Buna karşılık, Howie, Pauline'in hastalığın kendisine de bulaşmış olabileceğini bildirmek için aradığını sanıyor. Dolayısıyla, kendi sağlığı için endişelendiğinden, öfkeleniyor.

Doğal olarak, haksızca suçlanan bir kişi muhtemelen saldırganlaşacak, suçlu kişi ise savunmacı bir tutum izleyecektir. İşte bir örnek daha:

ENSTANTANE

Diyelim ki bir bilgisayar şirketinin müşteri hizmetleri bölümünde çalışıyorsunuz. Bir müşteri, değiştirilmek üzere çalışmayan bir yazıcı getiriyor ve daha birkaç gün önce aldığını söylüyor. Kasa fişi yanında ve yazıcı düzgün bir şekilde orijinal kutusuna yerleştirilmiş.

İçindekileri incelediğinizde, makinenin kolayca çıkarılabilen, pahalı ve gerekli bir parçasının eksik olduğunu görüyorsunuz; zaten makine bu yüzden çalışmıyor. Müşteriye bu keşfinizi açıkladıktan sonra alabileceğiniz iki olası karşılık vardır:

1. Karşılık: "Ben çıkarmadım. Aldığımda öyleydi."

2. Karşılık: "Ne? Bana parçası eksik olan bir yazıcı mı sattınız? O aleti çalıştırmaya uğraşırken iki saatimi boşa mı harcadım yani?"

Ne kadar etkili olduğunu görüyor musunuz? İkinci karşılığı veren kişi öfkelenmekte son derece haklı ve saldırgan bir tutum sergiliyor. Bir şeyle suçlanacağı aklının ucundan bile geçmiyor.

Birinci karşılığı veren kişi ise, yazıcıyı çalıştırmaya uğraşmadığını, çünkü parçayı çıkardığını elbette ki biliyor. Öfkelenmek aklına bile gelmiyor. Sadece parçayı çıkarmakla suçlandığını düşünüyor ve parçanın kayıp olduğu söylendiğinde öfkeleniyor.

4. Teknik: Kaç ya da İlan Et

Bu tekniği kullanırken, amaç şüphelerinizi bildiğiniz bir gerçeğe ama tamamen ilgisiz bir kişiye bağlamaktır. Kesinlikle doğru olduğunu bildiğiniz şeyi gizlemeye ya da inkar etmeye çalışırsa, şüphelerinizin cevabını almış olursunuz.

Ancak, iddianızın varlığını kabul eder ama ilişkiyi reddederse, muhtemelen şüpheleriniz haksızdır. Bir bakalım:

ENSTANTANE
Henry, çıktığı kadının alkolik olup olmadığını merak ediyor. Elaine'in yemeklerden sonra sakız çiğnediğini biliyor; bu muhtemelen ilgisi olmayan (ve kesinlikle zararsız) bir şey. Dolayısıyla, şöyle bir şey diyebilir: "Okuduğum bir makalede alkoliklerin yemeklerden sonra sakız çiğneme eğiliminde olduklarını öğrendim."

Eğer Elaine bir alkolikse, huzursuz olmasının yanı sıra, muhtemelen yemekten sonra sakız çiğnememeyi seçecektir.

Gördüğünüz gibi, kendisine farklı bir açıdan bakmadığı sürece, normal davranışından uzaklaşması için bir neden yok. Dahası, Henry'nin araştırma sonucuyla ilgili açıkladığı görüşünden şüphelenmesi için de bir nedeni olamaz.

Ama muhtemelen şöyle düşünüyor: "Lanet olsun, benim yaptığım da bu." Ama alkolik değilse, yemeklerden sonra sakız çiğnediğini, dolayısıyla araştırmanın tamamen doğru olamayacağını düşündüğünü söyleyecektir. Elbette ki alkolik olmasa bile, Henry'nin yanlış bir şey düşünmemesi için de sakız çiğnememeyi seçebilir. Ama çok büyük olasılıkla, sadece yanlış izlenim bırakmamak adına kendini keyifli bir alışkanlığından mahrum etmeyecek ve "araştırma"nın sonuçlarını çürütme fırsatını kaçırmayacaktır.

5. Teknik: Hastalık Korkusu

Risk yüksek olduğunda, karşınızdaki kişi ne kadar iyi bir "oyuncu" olursa olsun, "Hastalık Korkusu" karşınızdakinin ne gizlediğini keşfetmek için harika bir tekniktir. Tekniğin psikolojisini uygulamak için, karşınızdaki kişinin ve birinin – sizinle çalışan bir işbirlikçiniz – daha "şüpheli" olduğunu söyler ve suçlu olan kişiye sevimsiz bir özellik "iliştirirsiniz." Sonra kişinin davranışını ölçersiniz. Eğer diğer kişiyle karşılaşmak onu endişelendiriyorsa, muhtemelen masumdur.

ENSTANTANE
Polis detektifi şüpheliyi sorgu odasına sokar ve şöyle der: "Pekala, ikinizden birinin suçlu olduğunu biliyoruz ve olay yerinde bulunan kandan öğrendiğimize göre, suçlunun Hepatit C hastalığı var." Şimdi, işbirlikçiniz kanayan eliyle şüpheliye

AKLINDAKİNİ OKUYABİLİRİM!

yaklaştığında, eğer masumsa, şüpheli tedirgin olarak uzaklaşmaya çalışacaktır, çünkü suçlunun karşı taraftaki kişi olduğunu bilecektir. Ama suçluysa, Hepatit taşıyan kişiyle ilgili endişelenmesi için hiçbir nedeni yoktur. Suçlu olduğunu bildiği için, hastanın da kendisi olduğunu düşünür.

Bu tekniği, imlecinizi şüpheliye değil, şüpheye odaklayarak, gruplarla da kullanabilirsiniz. Şüpheli kendini doğal olarak ele verecektir.

ENSTANTANE

Masasını kimin karıştırdığını öğrenmek isteyen bir müdür, şöyle diyebilir: "Ofisime her kim girdiyse kovulacak. Geri kalanlarınız bu soruşturmada yaşayacağınız rahatsızlık için terfi edeceksiniz." Şimdi, yapacağı tek şey, suçlunun davranışlarını gözlemlemektir. Eğer heyecanlıysa veya yeni işin maaşı ve avantajlarıyla ilgili sorular soruyorsa, muhtemelen masumdur. Aksi durumda, sessizce oturan kişi muhtemelen suçlunun kendisi olacaktır.

6. Teknik: Sen Olsan Nasıl Yapardın?

Bu teknik, suçlu bir kişinin masum olduğu izlenimini uyandırmak için her şeyi yapacağı varsayımına dayanır. Şüpheliye onu suçladığınız şeyi nasıl yapacağını sorarak, düşünce tarzı hakkında önemli bir bakış açısı kazanırsınız. Psikolojik varsayım şudur: Bir durum, bir şeyi yapmak için sadece tek mantıklı yol sunuyorsa ve kişi rasgele bir cevap seçiyorsa, daha fazla araştırmaya değer demektir.

ENSTANTANE

Helen, muhasebecisi Mitch'in küçük harcamalar için ayrılan bütçeden para aşırdığını düşünüyor. Gerçek anlamda girdiler ve çıktılar belli olmadığı için bunu yapması hiç de zor değil. Mitch parayı çaldığını inkar etmesine rağmen, Helen hâlâ şüpheleniyor.

Dolayısıyla, keyifli bir anda şöyle diyor: "Eğer çalacak olsaydın, bunu nasıl yapardın?" "Şey, açıkçası, ayrı bir defter seti kullanır ve görünmez mürekkeple yazardım..." gibi saçma sapan bir cevap veriyorsa, muhtemelen bir şeyler gizliyor demektir.

Neden mi? Doğru cevap, en kolayı olurdu; küçük harcamalar için ayrılan bütçeden para çalmak. Ama sonuçta bunu düşünmüş olduğunu belli etmemek için, oldukça dolambaçlı bir yolu seçiyor.

AKLINDAKİNİ OKUYABİLİRİM!

TÜYO

Bir yolcu, yol üzerinde iki farklı köye uzanan bir yol ayrımına gelir. Bir köyde, insanlar daima yalan söylemektedir; diğer köyde ise insanlar daima doğruyu söylemektedir. Yolcu, herkesin daima doğruyu söylediği köyde bir iş yapmak zorundadır. Köylerden birinde yaşayan bir adam, çatalın ortasında durmaktadır ama hangi köyde yaşadığına dair bir işaret yoktur. Yolcu adama yaklaşır tek bir soru sorar. Adamın cevabından, hangi yolu izleyeceğini bilir. Yolcu ne sormuş olabilir?[1]

---

[1] *"Köyüne hangi yoldan gidiliyor?"* O yolu izler. Unutmayın, doğruyu söyleyenlerin köyüne gitmesi gerek. Eğer adam doğruyu söylüyorsa, kendisini doğru yola yönlendiriyor demektir. Yalan söylüyorsa, onu yine doğru yola yönlendirecektir. Her iki şekilde de, gideceği yol bellidir. Alternatif bir çözüm, şunu sormak olabilir: "Diğer kişi bana ne yapmamı söylerdi?" Sonra da o yolu izleyin.

2. BÖLÜM

HOŞLANIYOR MU, HOŞLANMIYOR MU?

"Güçlü tercihleri olmayan bir adamdan daha kötü bir şey, güçlü tercihleri olan ama bunları dile getirecek cesareti bulamayan adamdır."

— Tony Randall

Hiç biriyle görüşürken, kafasından geçenleri asla anlayamadığınız oldu mu? Tanıdığınız biri sıra dışı bir deneyim yaşadı ve size bu konuda ne düşündüğünü söylemiyor mu? Bir iş arkadaşınıza yeni bir stratejiyi açıkladığınızda neredeyse hiç konuşmuyorsa, ne düşünüyor olabilir?

Bu bölüm, benzer durumlarda karşınızdaki kişinin gerçekte ne düşündüğünü çabucak ve gizlice anlamanıza yardımcı olacak teknikler öğretecektir; üstelik bazen tek kelime bile etmeden.

1. Teknik: Hayalet İmaj

Bir bloknota herhangi bir şey yazdıktan sonra kağıdı yırtıp aldığınızda ne olduğuna hiç dikkat ettiniz mi? Genellikle, mesaj alttaki kağıtta okunur halde kalır. Kalem ucunun baskısı, siz üstteki kağıdı aldıktan sonra bile mesajın kalmasına neden olur. Bu olay, tekniğimiz için bir metafor olarak kullanılabilir, çünkü bütün deneyimlerimiz, etrafımızdaki şeyler üzerinde bir iz bırakır ve şartlı tepkiye yol açabilir. Açıklayalım:

AKLINDAKİNİ OKUYABİLİRİM!

Rus bilim adamı Pavlov'un öğrenilmiş şartlanma derslerini hatırlıyor musunuz? Kısacası, o odaya girdiği anda, üzerinde çalıştığı köpeklerin ağızları sulanıyordu. Köpekler, Pavlov'un görünmesinin yakında beslenecekleri anlamına geldiğini öğrenmiş, ortalıkta yiyecek görmeseler bile Pavlov'u yiyecekle bağdaştırmışlardı. Bu örnek, şartlandırılmış refleks olarak adlandırılır ve kendi hayatlarımızda da birçok örneğini görebiliriz.

Örneğin, biçilmiş çimen kokusu, size çocukluk anılarınızı getirebilir; belli bir ismi olan biriyle tanıştığınız her seferinde, hemen o kişiye karşı sevimsiz duygular hissedebilirsiniz, çünkü geçmişte bu isimde biriyle kötü bir deneyim yaşamışsınızdır.

Anılar bağlantılardır. Onlar sayesinde, belli tetikleyicilerle (bir görüntü, ses, isim veya tat gibi) belli duygular veya ruh halleri arasında bağlantılar kurabilirsiniz.

Mevcut durumu tarafsız bir tetikleyiciyle bağdaştırarak, kişi tetiğe bağladığı gerçek duygularını ortaya koyar.

1982 yılında yapılan klasik bir araştırmada, Gerald Gorn güzel bir müzikle belli bir renkte kalemi ve kötü bir müzikle başka renkte bir kalemi bağdaştırdı. (Mavi ve bej kalem renkleri, benzer durumlarda deney için kullanılır.) Gorn, denekleri gruplara ayırdı ve onlara hem "güzel" müzikle (bu örnekte *Grease* filminin müzikleriydi) veya "kötü" müzikle (bu örnekte klasik Hint müziğiydi) bağdaştırdığı mavi ve bej kalemleri iki gruba da gösterdi.

Deneyin sonunda, deneklere kalemlerden birini anı olarak saklayabilecekleri söylendi. 3.5/1 oranında, denekler tercih ettikleri müzikle bağdaştırılmış olan kalemleri aldı (Gorn, 1982).

Aynı şartlanma fenomenini sergileyen başka bir araştırma, Varşova Üniversitesi tarafından gerçekleştirildi (Lewicki, 1985). Deney sırasında, bir araştırmacı öğrencilerle görüştü ve onlara isimlerini ve "doğum sıralarını" sordu. Bir denek "doğum sırası"nın ne anlama geldiğini sorduğu her seferinde, araştırmacı öğrenciyi cehaleti için azarladı veya sadece soruyu cevaplayarak tarafsız bir şekilde karşılık verdi.

Öğrencilere başka bir odaya geçmeleri söylendi ve hepsine "meşgul olmayan bir araştırmacıya" bir kağıt parçası vermeleri söylendi. Odadaki iki araştırmacı da "meşgul değil" idi. Ama araştırmacılardan biri, öğrencilerle görüşen araştırmacıya çok benziyordu. Azarlanan öğrencilerin yüzde 80'inden fazlası, "doğum sırası" takıntılı araştırmacıya benzemeyen araştırmacıya kağıtlarını verdiler. Tarafsız cevap alanların yaklaşık yüzde 45'i ise, benzer araştırmacıya yaklaştı.

Bu teknikle, durumu tarafsız bir tetikleyiciyle eşleştirir ve sadece karşımızdaki kişinin o tetikleyiciye karşı sergilediği "duyguları" gözlemleriz.

Eğer daha ilgili davranırsa, daha önce bilinmeyen şeye eğilimi olduğunu bilirsiniz. Buna karşılık, eğer sıra dışı bir hoşlanmama durumu sergilerse, ilk kaynaktan olumsuz duygular ekilmiş olduğunu anlarsınız.

ENSTANTANE

İki grup arasındaki bir çatışmayı çözmeye çalışan bir arabulucusunuz. Uzun uzadıya pazarlıklardan sonra, iki grubu da anlamakta zorlanıyor-

AKLINDAKİNİ OKUYABİLİRİM!

sunuz. Masanın üzerinde çok sayıda mavi kalem var. Görüşmeden sonra, iki gruptan da ayrı ayrı, birkaç dakika boyunca tercihen ilgisi olmayan belgeleri imzalamalarını istiyorsunuz; böylece, bireysel tercih veya gereksiz tutarlılık olasılığını ortadan kaldırıyorsunuz. Gruplar her seferinde kalemi size iade ediyorlar. İmzalamalarını istediğiniz her seferinde, mavi ve siyah kalemler arasında seçim yapmalarını söylüyorsunuz.

Kalemlerin aynı derecede güzel olduğunu varsayarak, sürekli olarak siyah kalemi seçen grubun muhtemelen mavi kalemle ilgili olumsuz bir bağdaştırması vardır ve önceki tartışmalarla ilgili olumsuz duygular taşımaktadırlar. Ama sürekli olarak mavi kalemi seçen grubun mavi kalemle ilgili olumlu duyguları var ve görüşmelere olumlu bakıyorlar demektir. Buradaki psikolojik strateji, çok çeşitli bağdaştırmalarla kullanılabilir ve bir kişinin tercihleri konusunda önemli bir istatistiki avantaj sağlar.

ENSTANTANE

Bir kişi sunumunuzu dinliyor. İkiniz de mavi sandalyelerde oturuyorsunuz. Sonrasında, onu yuvarlak masalı ve dört sandalyeli bir odaya götürüyorsunuz; sandalyelerden ikisi mavi ve ikisi gri. Eğer konuşmayla ilgili olumlu bir izlenimi varsa, istatistiki olarak, muhtemelen mavi sandalyeyi griye tercih edecektir.

Kişi söz konusu durumda sunuma "ilgi duyduğu" her seferinde, izleniminin olumlu olduğunu varsayıyoruz. Buna karşılık, kişi daha önceki sinirsel tetiklemeden rahatsız olmuşsa, muhtemelen olumsuz izlenimi olacaktır. Daha fazla teknikle devam etmeden önce, bir kişinin gerçek düşünce tarzını yansıtan oldukça güvenilir bazı işaretleri gözden geçirelim:

1. İşaret: İlk İzlenim

Psikolog ve yalan saptama uzmanı olan Dr. Paul Ekman, mikro seviyede yüz ifadeleri biçiminde, gerçek duyguları ortaya koyan bir ipucuna vurgu yapmaktadır; bunlar, kişinin gerçek duygularını ortaya koyan duygusal tepkilerdir. Kişinin yüzünde dolaşan ifadeler, çoğumuzun göremeyeceği kadar hızlı olabilir ve kişi istediği izlenimi vermek için yüz ifadesini çabucak değiştirebilir (Ekman, 1985). Ama senaryoyu videoya kaydetmeniz gerekmez.

Başlangıçtaki duygusal tepkiyi fark edemeseniz bile, yeni birinin belirmesi, gerçek duyguların maskelendiği yönünde bir kanıt olabilir. Şimdi hangi duygu sergilenirse sergilensin, bir ifadenin gelmesi zaman alıyorsa veya başka bir şeye değişiyorsa, o zaman samimi olmadığını varsayabilirsiniz. Ekman, çoğu insanın mikro düzeydeki yüz ifadelerinin farkında olmadığını, çünkü değiştirilemeden göründüklerini ve çoğunlukla duyguyu yaşayan kişinin, duyguyu ifadeden sonra fark ettiğini öne sürmektedir.

AKLINDAKİNİ OKUYABİLİRİM!

2. İşaret: Bilinçaltı Sızıntıları

Zamir kullanımı, başka birinin gerçek düşüncelerini ve duygularını anlamak konusunda önemli görüşler sunabilir. "İfade İçerik Analizi," "ben" ve "biz" gibi ifadelerin kullanımını inceleyen bir sistemdir. Örneğin, taciz, cinsel saldırı ve diğer türde şiddet içeren suçların kurbanlarının, saldırganı ve kendilerini "biz" olarak tanımlamaları pek mümkün değildir. Bunun yerine, suçla ilgili detayları anlatırken, kurban genellikle kendinden söz ederken "ben" ve saldırgandan söz ederken "o" zamirlerini kullanır. "Biz" kişisel zamirinin kullanılması, suç olaylarında görülemeyecek bir psikolojik yakınlığa işaret eder (Adams, 1996).

ENSTANTANE
Bir arkadaşınız, size erkek arkadaşıyla çıktığı geceyi anlatıyor. Hikayesinde sık sık biz ifadesini duyuyorsunuz: "Saat 10'da kulübe gittik... Sonra içki içtik... Arkadaşlarından bazılarıyla görüştük..." Sonra ifade şöyle değişiyor: "Beni evine götürdü." Burada daha az yakın bir ifadeye geçtiği için, arkadaşınızla erkek arkadaşı arasında bir tür anlaşmazlık olduğunu varsayabilirsiniz. Örneğin, "Eve gittik; eve girdik; sonra çıktık," diye devam ederse, sonu daha uyumlu bitmiş demektir.

Bu psikolojinin çok çeşitli uygulamaları mevcuttur. Örneğin, bir kişi kendine güvendiğinde ve söylediği şeye inandığında, muhtemelen "ben" ve "biz" zamirlerini kullanacaktır. Kendimizi daha az güçlü hissettiğimizde, farkında olmadan kendimizi vurgularımızdan uzaklaştırmaya ve kelimelerimizi sahiplenmemeye çalışırız.

ENSTANTANE
Patronunuza yeni fikrinizle ilgili ne düşündüğünü soruyorsanız ve size "Hoşuma gitti," diyorsa, samimiyetine inanabilirsiniz. Ama "Güzel," veya "İyi iş çıkarmışsın" gibi ifadeler kullanarak kendini dışarıda bırakıyorsa, cümleyi sahiplenmiyor ve söylediği şeye inanmıyor demektir.

Bütün işaretlerin durum bağlamında incelenmesi gerektiğini unutmamalısınız; ayrı ayrı sinyallere dayanarak kesin çıkarımlarda bulunmaktan da kaçınmalısınız.

TÜYO
Grafolojinin (el yazısı analizi) önemli bir yönü, yazarın gerçek duygularını belirlemek için "ben" zamirinden sonra ve bu zamirle kullandığı kelimelere bakmasıdır. Eğer diğer kelimelerle arasındaki mesafe açıksa, bilinçaltı seviyesinde yazarın kendisini ifadeden uzaklaştırmaya çalıştığını varsayabiliriz. Buna ek olarak, eğer zamir daha küçük veya daha silikse (daha az baskıyla yazılmışsa), yazarın kendi içinde çatışma yaşadığı veya yazdığı şeye kesin olarak inanmadığı düşünülebilir.

AKLINDAKİNİ OKUYABİLİRİM!

2. Teknik: Bütün Dünya Bir Yansımadır

Sık sık, kişinin dünyayı kendisi gibi gördüğü söylenir. Dünyayı yozlaşmış bir yer olarak görüyorsa, bir seviyede – muhtemelen bilinçaltı seviyesinde olsa da – kendisinin de yozlaşmış olduğunu hissediyordur. Eğer etrafında dürüst ça... ...sanlar görüyorsa, muhtemelen kendini de öy... ...skilerin dediği gibi, "İnsan kendini k... ...durup durukrken biri sizi... ...sa, kendinize şun... davranıyor ki?...

Psikoloji t...
ma, bir dola...
suçlamasın...
lerinizle il... ...na-
lar zihni...
Kız ... ...n so-
nunda ... ...aptığı
anlaş... ...mı? Bu
yönt...
... ...madığını
so... ...bilir. Ama
ç... ...ünmediğini
... ...e mal etme-
... Pek sayılmaz.
... ...te ne sorduğu-
... ...la, karşımızdaki
nuzu ...

kişinin gerçek duygularını şüphe uyandırmadan öğrenmek için geçici özellik kullanmamız gerekir. Matematikte, geçici özellik şöyle ifade edilir: Eğer a = b ve b = c ise, o zaman a = c.

Diyelim ki birinin mutlu bir evliliği olup olmadığını öğrenmek istiyorsunuz. Elbette ki öylece doğrudan sormak zihin okuma tekniği olamaz; verilen cevabın doğruluğundan da emin olamazsınız.

Dolayısıyla, şeffaflık veya anormallik riskine girmeden duygularını belirlemek için aşağıdaki sistemi kullanabiliriz. İlgili bilgileri kullanarak – asıl sorudan bir-iki adım uzakta – gerçek duygularını açığa vurduğunu hissettirmeden, asıl tutumunu anlayabilirsiniz.

ENSTANTANE

Sorumuz şu: "Evliliğinde mutlu musun?" Öncelikli ilgili istatistik şudur: Evliliklerinde mutlu olan insanlar, eşlerine minnettardırlar. İkincil ilgili istatistik de şudur: Eşine karşı minnettar olan insanlar, ondan yararlanmamaya çalışırlar. Sorabileceğiniz soru şudur: "Sence eşinden yararlanmak evliliğinin bir parçası mı?"

Eğer "Evet," derse, bu karşınızdaki kişinin evliliğinde *tam olarak* mutlu olmayabileceğini gösteren bir kırmızı bayraktır (ama kesinleştirici özellik *taşımaz*), çünkü eşinden yararlandığını, eşinin kendisinden yararlandığını veya her ikisini de düşünüyordur.

AKLINDAKİNİ OKUYABİLİRİM!

Doğal olarak, doğru korelasyonları saptamak çok önemlidir. Hızlı ve kökünden bir formül yok; her zaman işe yaramayabilir ama avantajı size doğru kaydırır. Bazı korelasyonlar, istatistik odaklıdır ama bazıları sadece sağduyudur. Başka bir örneğe bakalım:

ENSTANTANE

Bir savunma avukatı, potansiyel bir jüri üyesinin ölüm cezasına karşı olup olmadığını öğrenmek istiyor. Doğrudan soramıyorsa veya doğru cevap alamayacağından endişeleniyorsa, ilgili bir gerçekten yararlanır: *İstatistiki olarak konuşmak gerekirse, ölüm cezasını savunan biri, silah taşıma kontrolüne karşı çıkar.* Şimdi yapacağı şey, jüri üyesine silah taşıma kontrolüne karşı olup olmadığını sormaktır. Sorunun hâlâ fazla şeffaf olduğuna inanıyorsa, şöyle bir soruyla devam edebilir: "Sizce silah üreticileri, ürünlerinin yanlış kullanılmasından veya taciz edilmesinden sorumlu tutulmalı mıdır?" Buna uygun olarak, silah taşıma kontrolünü savunan bir kişinin, silah taşıma kontrolüne karşı çıkan birine oranla, silah üreticilerini daha fazla sorumlu tutacağını varsaymaktadır.

Dolayısıyla, bu teknik karşınızdaki kişinin gerçek düşüncelerini daha net anlamanızı sağlar ve bu bölümdeki diğer tekniklerle birleştiğinde, o kişinin kafasında gerçekte neler olup bittiğini anlamanıza yardımcı olur.

> **TÜYO**
> Fiziksel benliklerimiz, sağlıksız olan şeye son derece duyarlıdır; yani sahte olana. Örneğin, ilginç bir test, çeşitli maddelerin insan vücudu üzerindeki etkilerini göstermektedir. Eğer bir kişi kolunu vücudunun önünde tutarsa, başka birinin kolunu aşağı indirme girişimine direnir. Ama kişi eline rafine şeker gibi sağlıksız bir madde örneği koyarsa, kolunu aynı güç seviyesinde tutma becerisi genellikle belirgin şekilde zayıflar.

3. Teknik: Dil Dersleri

Dil, algılama biçimimizi ve bunun sonucu olarak, duyduğumuz şeyi güçlü şekilde etkiler. İyi pazarlamacılar, bir müşteriye "Sözleşmeyi imzalamak" yerine "Kağıt işlerini tamamlama"yı önermeleri gerektiğini bilirler. Karşınızdaki kişi sizi daha fazla rahatsız edecek veya saldırgan görünebilecek bir ifade yerine yumuşatıcı bir eş anlamlı ifade kullandığında dikkatli olun.

Örneğin, ordu, kelimelerin tutum ve davranış üzerindeki etkilerinin farkındadır. İfadeler aynı anlama gelse bile, insanlar "savaş" kelimesi yerine "askeri operasyon" ifadesini duymayı tercih ederler. Kazayla zarar gören sivil mülkler ve kaybedilen canlar yerine, "yan hasar" ifadesini duymayı tercih ederiz. Kayıplar, ölümlerden daha kolay kabul edilir ve "kendi birliklerimizi vurduk" demek yerine, "müttefik ateşi" ifadesini kullanırız.

AKLINDAKİNİ OKUYABİLİRİM!

Günlük hayatta da aynı şeyi yaparız: Tuvalet yerine banyo, lavabo vs. deriz. Gerçekten de, sigorta şirketimize "kazadan" değil, "vuruktan" söz ederiz. Bir çalışana "yol vermek," onu "kovmaktan" daha yumuşak bir ifadedir. Buradaki uygulama nedir? Bazen bilinçaltında olsa da, kişinin kullandığı dil, haberden hoşlanıp hoşlanmayacağınızla, kabul edip etmeyeceğinizle veya inanıp inanmayacağınızla ilgilendiğini gösterir.

ENSTANTANE
Theresa'nın teklifini gözden geçirdikten sonra, amiri şöyle der: "Fikrin çok ilginç," "düşündürücü," veya "güzel hazırlanmış." Hiçbir ek soruya gerek duymadan, Theresa teklifinin beğenilmediğini anlayabilir.

Elbette ki diğer birçok değişken arasında, kişinin iletişim tarzı da dikkate alınmalıdır. Ama diğer bilgiler olmadığında, bu bölümdeki diğer bir-iki teknik de birlikte kullanılarak, durumla ilgili çok daha derin bir görüşe sahip olabilirsiniz. Genellikle, saptırmak için bir nedeni olmadıkça, kişi ne demek istediğini doğrudan açıklar. Başka bir senaryoyu inceleyelim:

ENSTANTANE
Fred'in yeni kız arkadaşı, bir süre önce "arkadaş" olduğu birini görmek için uğradığını söylüyor. Eğer eski flörtü olduğunu söyleseydi – çünkü

durum öyleydi – Fred'in bir şeylerden şüphelenmek için nedeni olmazdı. Ama bu şekilde davranması, ya Fred'in bu hareketi hoş karşılamayacağını düşündüğünü ya da durumu olduğu gibi açıklamadığını gösterir.

4. Teknik: Olumlu İmleçler

Önceki bölümde, birinin bir şeyler çevirip çevirmediğini anlamak için olumsuz imleçler kullanmaktan söz etmiştik (sakız çiğneme ve alkolizmi hatırlıyor musunuz?). Burada, birinin herhangi bir konuda olumlu veya olumsuz izlenimi olduğunu anlamak için olumlu imleçler kullanıyoruz.

ENSTANTANE
Yeni bir hukuk firmasıyla iki görüşme yaptıktan sonra, Ryan firmanın kendisiyle ne kadar ilgilendiğini öğrenmek istiyor. Burada şöyle diyebilir: "Kamu hizmetlerini bir yükümlülük değil, bir tutku olarak gören bir firma için çalışmak konusunda gerçekten heyecanlanıyorum." Şimdi Ryan tepkiyi ölçecektir.

Eğer karşısındaki kişi şirketin kamu hizmetine olan bağlılığı konusunda detaylar açıklar ve kendi kişisel bağlılığını da vurgularsa, firmanın Ryan ile ilgilenmesi olasılığı oldukça yüksektir. Ama karşısındaki kişi konuyu görmezden gelir

AKLINDAKİNİ OKUYABİLİRİM!

veya belli belirsiz bir yorumda bulunursa, muhtemelen kendisiyle ilgilenmiyorlar demektir: Ryan bu durumda sadece zamanını boşuna harcayacaktır.

Bu tekniğin işe yaraması için, imleç öznel olmalı, karşınızdaki kişinin kendisini imleçle bağdaştırmasına veya görmezden gelmesine fırsat tanımalıdır.

3. BÖLÜM

GERÇEKTEN KENDİNE GÜVENİYOR MU, YOKSA GÜVENİYORMUŞ GİBİ Mİ YAPIYOR?

"Özgüven, büyük başarıların ilk şartıdır."
— Samuel Johnson (1709-1784)

Masanın diğer tarafında oturan poker oyuncusu kendine güveniyor mu, yoksa korkuyor mu? Erkek arkadaşınız gerçekten kendinden emin mi, yoksa öyle inanmanızı mı istiyor? Rakip avukat davayla ilgili olarak açıkladığı kadar kendine güveniyor mu? Rakibinizin şansıyla ilgili kendine güvenip güvenmediğini veya sadece rol yapıp yapmadığını anlamak için bu teknikleri kullanın.

Güveni daha iyi anlamak için, öncelikle bir yanlış anlamayı ortadan kaldırmalıyız. Özgüven genellikle kişinin kendine güvenmesiyle karıştırılır ama ikisi aslında çok farklı şeylerdir. Bu ayrımı yapmak çok önemlidir. Güven, kişinin belli bir durum ya da konuda kendini ne kadar etkili hissettiğiyle ilgilidir; özgüven ise kişinin kendisini ne kadar "sevdiğine" ve hayatta iyi şeyleri almaya hak ettiğine ne kadar inandığına bağlıdır. Basitçe ifade etmek gerekirse, kişi kendiyle ilgili iyi şeyler hissedebilir ama belli şartlar altında olumlu hissetmeyebilir.

Örneğin, çekici bir kadın, bir barda birlikte olacak bir erkek arkadaş bulacağı konusunda kendine güvene-

AKLINDAKİNİ OKUYABİLİRİM!

bilir ama bir erkek arkadaş bulmanın genel olarak kendisi hakkında neler hissettiğiyle bir ilgisi yoktur. Aynı şekilde, özgüveni yüksek bir erkek kötü bir satranç oyuncusu olabilir ama kendisini "sevebilir." Kendisinden üstün bir oyuncuyla oynarken, güveninin zayıfladığına dair işaretler sergileyebilir ama özdeğer duygusu bundan etkilenmez.

Kişinin belli bir durumda duyduğu güven, çok çeşitli etkenlere dayanır: Daha önceki performansı, deneyimleri, geri bildirimleri ve kıyaslamaları. Aynı şekilde, özgüven de kişinin güven duygusundan etkilenebilir. Araştırmalara göre, kişinin özgüveni ne kadar güçlüyse, yeni bir durum veya ortamda kendini rahat ve güvenli hissetme eğilimi o kadar yüksek olur.

Ama bunun tersi de geçerlidir. Güven duygularına (fiziksel görünüş, kendini çekici bulmak gibi) çok fazla önem veren bir kişi, eğitimsiz bir göze karşı özgüveni yüksekmiş gibi görünebilir. Yine de, kişinin özdeğer duygusu elindeki avantajlardan veya sahip olduğu şeylerden değil, daha ziyade yaptıklarından (özgür iradeye dayalı davranışlar) etkilenir. Dolayısıyla, özgüven olarak algılayacağımız şey, aslında şişirilmiş bir ego olabilir.

Özgüven ve güven, aslında çok ayrı psikolojik güçlerdir ve ikisinin de psikoloji üzerinde farklı etkileri vardır. Kaynağı ve etkisini fark etmek önemliyse de, konu değerlendirmeye geldiğinde kaynağın bir önemi yoktur. Burada değerlendirmemiz gereken tek şey, kişinin kendine güvenip güvenmediğidir. Bunun nerede ve nasıl ortaya çıktığı, değerlendirmemiz açısından önem taşımaz. Bu yüzden, hemen konuya girelim ve karşımızdaki kişinin güven seviyesini nasıl ölçeceğimizi görelim.

> **TÜYO**
> Endişeli veya stresli olduğumuzda, odaklanma becerimiz belirgin şekilde zayıflar. Bir partide biriyle tanıştıktan hemen sonra ismini unuttuğunuz oldu mu? Dikkat dağınıklığını ve olan bitene ilgi gösterme konusundaki yetersizliği, geçici güvensizlik işaretleri olarak alabilirsiniz.

Güven Seviyesini Ölçmek

Şimdi, güvenli bir kişinin nasıl göründüğünü ve nasıl konuştuğunu inceleyerek, kimin güvenli olup olmadığını nasıl anlayabileceğimize bakacağız. Duruma bağlı olarak, bir ya da daha fazla işarete, belirtiye ve tekniğe dayanabiliriz.

Birinin güven seviyesini okumak konusundaki asıl sır, gözlemde değil, *güven izlenimi* uyandırmak üzere gönderilen işaretleri filtrelemekte yatar. Yaygın şekilde bilinen güven işaretlerini ele alacağız: Gülümseme, göz teması vs. gibi. Ama bu güven işaretlerini taklit etmek oldukça kolay olduğundan, gözlemlemesi kolay ve taklit edilmesi neredeyse imkansız daha karmaşık bazı etkenlere değineceğiz.

AKLINDAKİNİ OKUYABİLİRİM!

1. İşaret: Fiziksel

Kişinin son derece rahatsız olduğu aşırı korku durumlarında, iki önemli davranıştan birini gözlemlersiniz: Ya duygusal açıdan son derece tetikte olduğu için gözleri fıldır fıldır döner ve dikkati kolayca dağılır ya da donup kalır ve tam aksini yapar. Bilindik "araba farında donup kalan geyik" benzetmesi, tam bir örnek olabilir. Kişinin kontrol edemediği veya çok az kontrol edebildiği diğer istem dışı tepkilere bir göz atalım:

Savaş ya da Kaç Sendromu: Aşırı korku durumlarında kişinin yüzü kızarabilir veya sararabilir. Nefesin hızlanıp hızlanmadığına, terlemenin artıp artmadığına bakın. Buna ek olarak, kendini sakinleştirmek için nefesini kontrol altına almaya çalışıp çalışmadığı da önemlidir. Sakinleşme çabalarını derin, rahatça duyulabilir nefes alıp vermeler olarak görebilirsiniz.

Seste veya Vücutta Titreme: Gizlenen eller titriyor olabilir. Karşınızdaki kişi ellerini gizliyorsa, kontrolsüzce titrediklerini görmenizi istemiyor olabilir. Sesi çatlayabilir ve konuşmakta zorlanabilir.

DAVID J. LIEBERMAN

> **TÜYO**
> Gergin olduğumuzda, söylenenleri daha kelimesi kelimesine alırız. Bir durumda güvensiz olduğumuzda, zihnimiz kendini toplamaya çalışır ve genellikle söylenenin ardında yatan imaları algılayamayız. Örneğin, genellikle alaycılığı algılamakta zorlanırız, çünkü mantık dışı bir bakış açısı gerektirir ve bu zihinsel değişikliği gerçekleştirmek zaman alır.

Yutkunma zorluğu: Yutkunma zorlaşır, bu yüzden karşınızdaki kişinin yutkunmakta zorlanıp zorlanmadığına bakın. Üzüntü veya korku ifade etmek isteyen film oyuncuları genellikle bu davranıştan yararlanırlar; böylece ifade "boğulur." Boğazını temizlemek de gerginlik işaretidir. Endişe, boğazda balgam oluşmasına neden olur. Kalabalık karşısında konuşurken heyecanlanan bir konuşmacı, genellikle başlamadan önce boğazını temizler.

Ses değişiklikleri: Kişi gergin olduğunda, diğer tüm kaslar gibi ses telleri de gerilir ve kişinin daha yüksek sesle konuşmasına neden olur.

Göz kırpma: İnsanlar gergin olduklarında, göz kırpma hızları artar. 21 Ekim 1996'da yayınlanan bir Newsweek makalesinde, Boston Koleji'nden Nöropsikoloji Profesörü Joe Tecce, önceki seçimlerde Bob Dole ve Bill Clinton arasındaki başkanlık tartışmalarıyla ilgili ola-

AKLINDAKİNİ OKUYABİLİRİM!

rak buna dikkat çekmişti: Televizyona çıkan biri için normal göz kırpma hızı, dakikada 31 ila 50 keredir. Bob Dole ise dakikada ortalama 147 ve saniyede 3 kere gözlerini kırpıştırıyordu. Ülkenin dört yıl öncekinden daha iyi durumda olup olmadığı sorulduğunda, göz kırpma hızı dakikada 163'e çıktı. Clinton dakikada ortalama 99 kere göz kırpıştırıyordu ve ergenlik çağındaki gençler arasında uyuşturucu kullanımının artmasıyla ilgili sorular sorulduğunda, en yüksek hızı 117 olmuştu. Profesör Tecce, 2000'den önceki son beş seçimlerde, göz kırpma hızı daha yüksek olan adayın seçimi kaybettiğine dikkat çekmişti.

2. İşaret: Odağı Belirlemek

Kusursuz performans sergileyen bir sanatçı, müzisyen veya sporcu düşünün. Odaklandığı şey kendisi, görünüşü veya performansı değildir. Örneğin, bir basketbol oyuncusu, sayı yapmak amacıyla topu atar. Bütün potansiyel dikkat dağıtıcılar dışarıda bırakılmıştır. Sadece sayı yapmak niyetindedir ve kendisiyle hiç ilgilenmeden bunu yapar. Eğer kendisiyle ilgili endişelenirse, aşırı farkındalık yaratır – yaptığı şeyden dikkati uzaklaşır – ve odağı kendisi, çevresi ve diğerleri arasında bölünür.

Kendine güvenen biri amaca odaklanır ve "ben" kaybolur. Gergin bir kişinin egosu ise, korku, endişe ve gerginlik yüzünden düşüncelerini tüketir ve kendisine odaklanmaması mümkün değildir. Söylediği ve yaptığı her şeye dikkat eder. Daha önce bilinçsizce yapılan şeyler – ellerini tutuşu veya oturuş tarzı gibi – yüksek farkındalığının bir parçası haline gelir. Dolayısıyla, davranışları daha yapay görünür.

Bir toplantı, bir buluşma veya bir sorgu olsun, durumun kontrol altında olduğunu hisseden bir kişi bir şeye uzanırken, eline veya nesneye dikkatini vermez. Ama güvensiz kişi bunu yapamaz, çünkü kendinden emin değildir; muhtemelen gözleri kendi hareketlerini izleyecektir.

Burada söz konusu olan psikolojik mekanikleri biraz daha inceleyelim. Kişinin davranışlarının dört aşaması vardır: *Bilinçsiz yetersizlik*, kişinin doğru performans göstermediğinin farkında olmadığı zamandır; *bilinçli yetersizlik*, kişinin olmak istediği ölçüde etkili ve başarılı olması için gereken beceriye sahip olmadığının farkında olması anlamına gelir; *bilinçli yeterlik*, kişinin yapması gereken şeyin farkında olması ama etkili olabilmek için farkındalığını sürdürmesi gerekliliğidir; *bilinçsiz yeterlik* ise, kişinin doğru performans gösterebilmesi ve bunun için dikkatini olduğu gibi vermesine gerek olmaması anlamına gelir.

Araba kullanmayı öğrenen birinin vites değiştirmesi, bu dört aşamayı mükemmel şekilde gösteren bir örnektir. Başlangıçta tamamen yabancı gelen bir hareket, zaman içinde kişinin farkında bile olmadan yaptığı bir şeye dönüşür.

İkinci, üçüncü ve dördüncü aşama, bize kişinin güven ve yetkinlik seviyeleri hakkında bilgi verir. (Birinci aşama önemli değildir, çünkü güvenli olmak bir yana, kişi ne yaptığının bile farkında değildir.)

AKLINDAKİNİ OKUYABİLİRİM!

ENSTANTANE

Doğal bir sohbet sırasında, iş arkadaşınızın hemen yanında duran soda kutusunu uzanır gibi aldığını fark edersiniz. Elini kutuya uzatırken, bakışları elini izler. Sonra, kutuyu dudaklarına götürürken de kutuyu izler. Arkadaşınız gergindir ve kendinden emin değildir; dolayısıyla, daha önce hiç dikkatini vermeden yüz binlerce kez yaptığı bir şeyi – soda içmek – yapma becerisine o anda "güvenmemektedir." Normalde bilinçsiz yeterlik aşamasında olan bir hareket, böylelikle bilinçli yeterlik aşamasına düşer; bu da farkındalığın yüksekliğini gösterir.

Neye dikkat etmeniz gerektiğini bilirseniz, güveni (veya güvensizliği) fark etmek kolaydır. Sadece, karşınızdaki kişinin kendine ve yaptığı şeye odaklanıp odaklanmadığına bakın. Başka bir örnek verelim:

ENSTANTANE

Bekar bir adam, bir kadınla tanışmayı umarak bir bara giriyor. Kendini çekici bir erkek olarak değerlendirirse, bardaki kadınların görünüşlerine dikkat edecektir. Eğer kendini çekici bulmuyorsa, o zaman kendisinin onlara nasıl göründüğüyle ilgilenecektir. Diğer bir deyişle, güven seviyesine bağlı olarak odağı değişir. Güven eksikliği, kişiyi kendisinin farkında olmasına zorlar. Dolayısıyla, sadece davranışları katı, gergin ve yapay olmakla kalmayacak, aynı zamanda dikkati başkalarının üzerinde uyandırdığı izlenime kayacaktır.

Bunun doğruluğunu kendi hayatlarımızdan biliyoruz. Örneğin, bir kişi kullandığı kelimelere güvendiğinde, size nasıl göründüğünden ziyade, kendisini doğru anlayıp anlamadığınızla ilgilenir. Bir vurgu yapmak istediğinizde, karşınızdaki kişinin sizi anladığından emin olmak istersiniz ama güvensiz olduğunuzda, odağınız içe döner; nasıl konuştuğunuza ve göründüğünüze odaklanırsınız. Söylediğiniz her kelimeye ve yaptığınız her harekete dikkat edersiniz.

İleri Seviyede İşaretler ve Sinyaller: Algı Yönetimi

Kişi gergin olduğunda ama rahatmış gibi görünmeye çalıştığında, bu durum algı yönetimi dediğimiz şeyi doğurur; kişi, "doğru" etkiyi uyandırmak için belli bir imajı yaratmaya çalışır. Bir kişinin güvenli olup olmadığını anlamak için nelere dikkat etmemiz gerektiğini gördük. Şimdi, başka bir şeyi arıyoruz: Birinin güvenli *görünmeye* çalıştığını bize söyleyen işaretleri! Güvenli gibi görünmeye çalışan birinin güvenli olmadığını biliyoruz. Daha önceki işaretleri bastırarak kendini ele vermemeyi başararak sizi yanıltsa bile, "blöf" yapan birinin nasıl göründüğünü ve konuştuğunu öğrenerek, onu bu noktada yakalayabilirsiniz.

AKLINDAKİNİ OKUYABİLİRİM!

1. İşaret: Aşırı Ödün

Algı yönetimine girişen bir kişi, genellikle aşırı ödün verir. Eğer görmeyi bilirseniz, aslında son derece açıktır. Unutmayın, güvenli bir kişi kendisiyle ilgilenmez. Algı yönetimine odaklanan birinin aksine, kendi imajı umurunda değildir.

ENSTANTANE

Bir kağıt oyuncusu bahsi giderek artırıyor. Bunu yaparken iyi bir eli mi var, yoksa sadece cesur mu davranıyor? Pokerde blöf yaparken, korkak olmadığını göstermeye çalışıyor. Parasını çabucak koyuyor olabilir. Peki, iyi bir eli varsa nasıl hareket eder? Yavaşça hareket ederek bahsi kasıtlı olarak artırır ve elinden emin değilmiş gibi yapar. Poker strateji konusunda en önemli otoritelerden biri olan Mike Caro, *Poker Tells* (*Poker Konuşuyor*, 2003) adlı kitabında insan doğasının çok önemli bir yönünü sayısız örnekle sergiliyor: Blöf yapan bir kişi, eli güçlüymüş gibi davranır ama buna karşılık, eli güçlü olan biri, zayıfmış gibi görünür.

Poker oyununda veya gerçek dünyada olsun, insanlar güvenliymiş gibi davrandıklarında, gerçekte hissettiklerinin tam zıttı bir izlenim yaratmaya çalışarak güven görünüşlerini çarpıtırlar. Blöf yaparken ve güvenli görünmeye çalışırken, kişi bahsi çok çabuk artırır.

(İyi bir eli olduğunda ise, ne yapacağına karar vermeye çalışıyormuş gibi bir-iki saniye bekler.) Bu prensip hemen her durumda geçerlidir. Eğer kendinden emin bir şekilde çok çabuk tepki verirse, güven göstermeye çalışıyor demektir ama birçok durumda aslında güvenli filan değildir. Buna karşılık, güvenli bir kişinin insanlara kendine güvendiğini söylemeye ihtiyacı yoktur. Kendinden emin olmaya çalışan biri, tutumuyla uygun düşen hareketler yapacaktır.

ENSTANTANE

Polis teşkilatında veya benzeri alanlarda çalışan uzmanlar, yalan söyleyen (ve dolayısıyla güvensiz olan) bir kişinin genellikle çenesini kaşımak veya sıvazlamak gibi abartılı hareketler yapacağını bilirler. En basit soruları bile uzun uzadıya düşünüyormuş gibi davranacak, yardımcı olmak için elinden geleni yapıyormuş gibi görünmeye çalışacaktır.

Algı yönetiminin diğer bir işareti, kişinin gereksiz yere psikolojik avantajı ele almaya çalışmasıdır.

ENSTANTANE

Bir erkek, kız arkadaşını evine bırakırken, kız şöyle diyor: "Geç oldu, hemen yatağa gireceğim."
Eğer kızdan hoşlanıyorsa ve kendine güvenmiyorsa, kızın kendisinden kurtulmak istediğini düşü-

AKLINDAKİNİ OKUYABİLİRİM!

nür. Şöyle bir şey diyebilir: "Ben de yorgunum. Zaten kalmayı düşünmemiştim." Muhtemelen hayal kırıklığına uğradığını gizlemeye çalışacaktır. Ama sadece "Tamam, yorgun olmalısın," gibi bir şey söylerse, neden aldırmadığını açıklamak için algı yönetimine başvurmadığı ortadadır.

> **TÜYO**
> Bazen insanlar pozisyonlarını savunduklarında bile çökeceklerini bilerek, güçlü bir görüntü yaratmaya çalışırlar. Satış yapmak konusunda en kolay insanların, "Pazarlamacılara Hayır" gibi yazılar veya işaretler kullananlar olduğu söylenir. Bunun nedeni şudur: Bu insanlar, derinlerde bir yerde, bir pazarlamacı kendilerine ulaştığında, sattığı şeyi alacaklarını bilirler.

2. İşaret: Gereksiz Hareketler

Ciddi bir durumda herhangi bir gereksiz hareket, kişinin sakin davranmaya ve güvenli görünmeye çalıştığının işaretidir. Örneğin, polisler bir şüphelinin rahat, sakin veya hatta sıkkın olduğunu göstermek için esneyebileceğini bilirler. Kişi oturuyorsa, oturduğu yerde yayılarak veya kollarını açarak, rahatlığını göstermek için daha fazla yer kaplamaya çalışabilir. Ya da önemsiz bir şeyle uğraştığını ve endişelenmediğini göstermek için, giysisinin üzerindeki havları toplayabilir. Ama sorun şudur ki haksız yere suçlanan biri aşağılandığını hissedecek, "doğru" imajı yaratmaya çalışarak böyle önemsiz şeylerle ilgilenmeyecektir.

ENSTANTANE

Bir detektif, kaçırılan genç bir kızın ailesiyle görüşüyor. Baba, detektife kızın çoktan ölmüş olabileceğini söylüyor. Kısa süre sonra, kendisine bir fincan kahve veriliyor. Eğer "Çok teşekkür ederim, böyle bir günden sonra ihtiyacım vardı," gibi bir şeyler söylerse, algı yönetimine başvurmuş demektir ve yapmaya çalıştığı şey, kibar, düşünceli ve saygılı biri imajı çizmektir... Bu da, hikayesinde bir terslik olduğu anlamına gelir.

Gereksiz davranışlarla ilgili diğer bir örnek, olduğundan farklı görünmeye çalışmaktır. Kişi görünüşünü değiştirirse ve bunun için hiçbir neden yoksa, aslında sergilediği şey gerçek değil demektir.

ENSTANTANE

Pahalı evler satan bir pazarlamacı, bir pazar günü potansiyel bir alıcıyla buluşuyor. Müşterinin yanına geldiğinde, adamı takım elbise ve kravatla, cep telefonunda "önemli" bir görüşme yaparken buluyor. Adamın parası olmadığı bellidir.

AKLINDAKİNİ OKUYABİLİRİM!

> **TÜYO**
>
> Motivasyon araştırmalarının babası sayılan Ernest Dichter, *The Handbook of Consumer Motivations* (Tüketici Motivasyonları El Kitabı; 1964) adlı kitabında şöyle der: Korku yaratan tetikleyicilerden kaçmaya çalışırız. Korku yaratarak, insanların davranışlarını değiştirebiliriz. Korkuya kapıldığımızda, daha çocuksu ve hayvansı dürtülerimize adım adım geri döneriz." Kişi ne kadar korkarsa, gerileme işaretlerini o kadar çok görürsünüz; tıpkı huzursuz olduğunda dondurma veya diğer türde rahatlatıcı yiyecekler arayan bir kişi gibi, davranış içe kapanmaya yönelecektir. Dolayısıyla, fiziksel dışavurumlara dikkat edin; bir kalemin ucunu kemirmek gibi ağız hareketlerinden, aşırı öfke, kıskançlık, kırgınlık vs. gibi benmerkezci etkilere kadar.

1. Teknik: İşaretleri Sıkıştırmak

Güvensiz olduğumuzda ve tehdit seviyesi yükseldiğinde, güvensizlik işaretleri daha da belirgin hale gelir. Araştırmalara göre, kendimizden daha iyi göründüklerini düşündüğümüz insanlarla bir arada olduğumuzda, kendimiz ve görünüşümüz hakkında daha güvensiz oluruz. Başlangıçta kendimizi güvensiz hissetmesek bile, bu kavram doğrudur.

Gördüğünüz gibi, potansiyel bir tehditle karşılaştığında, karşımızdaki kişinin kendisi ve durum hakkında aslında ne kadar rahat olduğunu daha kolay ölçebiliriz. Ruh halinde bir değişikliğe dikkat edin; eğer öfkelenirse, kabalaşırsa, düşüncesiz ve saygısız davranırsa veya genel endişe ya da gerginlik belirtileri sergilerse, durumdan çıkmak istiyor demektir.

ENSTANTANE
Bir detektif şüpheliyi sorguya çekiyor ve şüpheli güvenli görünüyor. Masum da olabilir, suçlu da olabilir ama su geçirmez bir mazereti olduğunu biliyor. Detektif ona tanıma uyup uymadığını söylemek üzere bir tanık getirileceğini söylediğinde, eğer şansına güveniyorsa, şüpheli rahat görünebilir veya güvenmiyorsa, öfkelenebilir.

TÜYO
Pokerde blöf yapan bir kişi, size karşı nazik davranarak dikkatli gitmeye çalışır. Sizi blöfünü görmeye teşvik edecek şekilde kızdırma riskinden kaçınır. Dolayısıyla, normalde onu rahatsız eden bir şey yaptığınızda buna aldırmıyormuş gibi görünürse veya beklenmedik bir şekilde sakin kalırsa, eline güvenmediğinden emin olabilirsiniz.

Bu psikolojiyi herhangi bir duruma uyarlamak için, sadece başarı şansını azaltın ve sakin, rahat veya gergin görünüp görünmediğine bakın.

4. BÖLÜM

GERÇEKTE İŞLER NASIL?

"Var olduklarını gösteren kanıtları gizlediğinizde, düşünceleri de gizleyeceğinizi sanmayın."
— Dwight D. Eisenhower (1890-1969)

İş arkadaşınızın görüşmesi nasıl gitti? Yeni komşunuzun kız arkadaşı sürekli mi, yoksa geçici mi? Elemanınız yeni görevinden gerçekten memnun mu? Bu taktikler, karşınızdaki kişi ne kadar ketum olursa olsun, size gerçekte neler hissettiğini gösterecektir.

1. Teknik: Perspektifin Gücü

Hiç kendinizi aniden karşınıza hiçbir engelin çıkmadığı bir durumda buldunuz mu? Durdurulamayan ve daima başaran biri misiniz? Ama hiçbir şeyin yolunda gitmediği zamanlar da vardır. Neye dokunsanız elinizde kalır ve yataktan çıkmaya bile korkarsınız.

Böyle bir sürekliliğin nedeni nedir? Şaşırtıcı bir araştırma, yaşadığımız olaylarla biçimlenen geçici öz-imajın buna neden olduğunu göstermektedir. Kendimizi belli türde biri gibi görürüz; dolayısıyla, sürekli bir şekilde hareket ederiz. Kişinin tam kontrolünün dışında kalır gibi görünen olaylar bile bu kanundan kaçamaz.

Bir alana ve bunun öz-imajımız üzerinde yaptığı etkiye bir bakalım. Araştırmalara göre, birinden küçük bir şey rica edildiğinde ve o kişi bunu yerine getirdiğinde, muhtemelen daha büyük bir ricayı da kabul edecektir; yani aslında başlangıçta yapmasını istediğimiz

AKLINDAKİNİ OKUYABİLİRİM!

asıl şeyi. Ne var ki öncelikle küçük bir ricada bulunulmaz ve bu ricayı yerine getirmezse, devamlılık için bilinçaltından kaynaklanan bir dürtüsü olmayacaktır.

> **TÜYO**
>
> Aşağıdaki araştırma, bu tekniği göstermektedir; daha önce küçük bir ricayı yerine getiren insanlar, daha büyük bir ricayı yerine getirmek konusunda eğilim duyarlar. Freedman ve Fraser (1996), ev sahiplerinden ön bahçelerine dev bir "DİKKATLİ SÜRÜN" yazısı koymalarını istediler. Ama ev sahiplerinin sadece yüzde 17'si bunu kabul etti. Diğer ev sahiplerine daha küçük bir ricayla yaklaştılar ve sadece ön pencerelerinden birine sekiz santimlik bir "GÜVENLİ BİR SÜRÜCÜ OLUN" yazısı koymalarını istediler. Neredeyse bütün ev sahipleri kabul etti. Birkaç hafta sonra aynı ev sahiplerine tekrar yaklaştıklarında, grubun yüzde 76'sı ön bahçelerine devasa bir yazı yerleştirilmesini kabul ettiler.

Belli bir yönde küçük adımlar attığımızda, sonrasında daha büyük ricaları kabul etmemizi sağlayacak bir devamlılık duygusuna kapılırız. Basitçe ifade etmek gerekirse, küçük ricaları kabul eden insanlar, öz-imajlarını tanımı içerecek şekilde yeniden biçimlendirirler: Sürücü güvenliği konusunda ciddidirler. Dolayısıyla, daha büyük bir ricayı kabul etmek, zaten desteklenmesine kesinlikle "inandıkları" bir amaç için bir şeyler yapmaktır. Bu fenomenin etkisi, hayatlarımızın birçok alanına yayılır.

Bir oda dolusu pazarlama elemanına benzer bir deneyim yaşayıp yaşamadıklarını sorarsanız, bütün eller havaya kalkacaktır. Örneğin, bir tavsiye listesi hazırlarsınız ve başarılarınız peş peşe gelir. Aynı şekilde, bir şeyler yolunda gitmediğinde, gerçekten yolunda gitmediklerini görürsünüz. Dünyamız ve onunla etkileşimlerimiz, büyük ölçüde kendi algılarımızla biçimlenir ve algılarımız, öz-imajımızdan kaynaklanır; yani kendimize bakış açımızdan.

Bir kişinin öz-imajı genellikle sabittir ama çok geniş alanlara yayılır ve yakın zamandaki olaylara dayanarak değişim gösterebilir. Dolayısıyla, anda olanlara dikkat ederek, genellikle yakın geçmişte neler olduğunu tahmin edebilirsiniz.

3 Tip: (a) Kişiye Özgü, (b) Kişiye Özgü Olmayan, (c) Genel

(a) Kişiye Özgü:

Hafıza ve davranışla ilgili araştırmalar, insanların öz-imajlarını veya bilgilerini zihinlerine ne kadar çabuk getirebildiklerine dayandırdıklarını göstermiştir. Örneğin, sizden kendinden emin hareket ettiğiniz birkaç olayı söylemeniz istendiğinde bunu kolayca yapabiliyorsanız, genel olarak kendinden emin birisiniz demektir. Buna karşılık, bir örnek bulmakta zorlandığınızda, doğanızda daha temkinli ve tereddütlü olduğunuz sonucuna varabilirsiniz.

AKLINDAKİNİ OKUYABİLİRİM!

Dolayısıyla, devamında gelen davranışlarınız temkinli ve tereddütlü bir kişilik yapısıyla uyum gösterecektir ve eylemlerinizde daha çekingensiniz demektir. Bazen hayatınızda olan bir olay – başınıza gelen veya kendinizin neden olduğu – geçici olarak kendinizi ve dünyayı görüş şeklinizi yeniden biçimlendirebilir.

ENSTANTANE
Bir pazarlama elemanı, son birkaç gündür üç büyük müşterisini kaybetmiştir. Bir daha sefere bir müşterisinin ofisine girdiğinde, her zamankinden daha az güvenli davranacak ve aşırı odaklı olacaktır. İlgi seviyesine ve bir satış gerçekleştirmek konusundaki ihtiyacının şiddetine bağlı olarak, daha fazla endişelenecek, kontrolü elinde tuttuğundan ve yararlı veya zararlı bir şeyi atlayıp atlamadığından emin olmak için aşırı analitik davranacaktır. Elbette ki bazı istisnalar olabilir; kişi birkaç önemli müşterisini kaybettikten sonra kendini ayağa kaldırır, birkaç moral verici şey okur ve bir sonraki müşterisiyle yine tutkulu ve enerjik bir şekilde karşılaşır. Ama bu durum insan doğasına terstir ve muhtemelen olmayacaktır.

ENSTANTANE
Bir poker oyuncusu, son on dakika içinde iki büyük el kaybetmiştir. Öz-imajı hemen şanssız veya yeterince iyi oynamayan biri olarak yeniden

biçimlenmiştir. Blöf yapmak konusunda çekingen davranacak ve – her şeyin eşit olduğu düşünülürse – bunu yapmayacaktır. Saldırgan oyun, sadece güçlü bir elle olabilir. Genel prensip: Muhtemelen risk almak konusunda daha çekingen olacaktır.

Tanıdığınız biri trafik kazası geçirdiğinde, daha sonrasında araba kullanış tarzının değiştiğini görebilirsiniz. Örneğin, sol şeride geçmeye çalışırken arkadan gelen arabayı görmemiş ve çarpışmışsa, sonrasında yine şerit değiştirirken aşırı detaycı ve titiz davranabilir. Ya da yakın zamanda arabasına arkadan çarpılan biri, senaryonun tekrarlanmasından korkarak dikiz aynasını daha sık kontrol edebilir.

(b) Kişiye Özgü Olmayan

Kişinin geçici öz-imajı, genel durumlarla da biçimlenebilir. Görünüşte zararsız olan bir şey bile – birinin size iltifat etmesi – sizi "Ben dünyanın kralıyım" ruh haline geçirebilir. İşler istediğimiz gibi gittiğinde kendimizi daha iyi hisseder, kendimize daha çok güvenir ve diğer, konuyla ilgisi olmayan durumlarda da iyimser davranırız.

ENSTANTANE
Bernard dişlerini beyazlatmıştır ve herkes ona on yaş daha genç göründüğünü söylemektedir.

AKLINDAKİNİ OKUYABİLİRİM!

Dolayısıyla, yeni bir projeyi kabul etmekte veya daha önce direndiği bir fikrin arkasına geçmekte daha istekli davranacaktır.

Yenilenmiş bir güven duygusuna sahip olan biri, yakın zamanda kendisine teşvik veren, saygı veya kontrol duygusu kazandıran bir olay yaşamıştır ya da öyle bir olayı hatırlamıştır.

(c) Genel

Gazete okumak bile, dünyaya ve kendimize bakış açımızı değiştirir. Örneğin, büyük bir uçak kazasını duyduktan sonra, insanlar uçuş riskini aşırı abartma eğilimi taşırlar. Bunun nedeni şudur: Kaza, hafızada henüz tazedir. İstatistikler değişmemiştir ama bakış açımız değişmiştir. Bunun arkasından düşüncelerimiz, tutumumuz ve davranışlarımız gelecektir. Gerek istatistiki ve gerekse gerçekçi açıdan ele alalım, hiçbir şey değişmemesine rağmen, daha fazla korku duyarız.

ENSTANTANE

Bir hayat sigortası pazarlamacısı, kırk bir yaşındaki iş arkadaşı iki gün önce kalp krizinden ölmüş olan potansiyel müşterisi Bay Jones'u arar. Bay Jones'un düşünce tarzı değişmiştir ve ilgisi artmıştır. Şimdi, hayat sigortasının daha önce sandığından daha önemli olabileceğini düşünmektedir.

Birinin geçmişine bir göz atmak istediğiniz her seferinde, şimdi kendisini nasıl ele aldığına dikkat edin. Eylemlerine dikkatle bakarak, dış görünüşünün çarpık olup olmadığını anlayabilirsiniz; böylelikle, yakın geçmişte gerçeklik algısını değiştiren neler olmuş olabileceğini tahmin edebilirsiniz.

2. Teknik: "Kendini Nasıl Hissediyor?"

İnsanlar, ilgisiz gibi görünen veya anlayışın ötesinde kalan olaylar için sürekli olarak bir neden ve amaç ararlar. Karşınızdaki kişiden sıra dışı ama belirsiz bir olayı incelemesini isteyin. Eğer işin içinde iyi şans işareti görüyorsa, iyimser davranıyor demektir. Ama bir olayın olumsuz bir şeye işaret ettiğini söylüyorsa, kötümser demektir.

ENSTANTANE
John, destek toplamaya çalıştığı gizli ve yeni bir program hakkında bir toplantıdan çıkıyor. Toplantının detaylarını açığa çıkarmamak için, en iyi poker yüzünü takınarak şirketin planını destekleyeceği yönündeki işaretleri gizlemeye çalışıyor. Eğer öğrenmek istiyorsanız, sadece şöyle bir şey diyebilirsiniz: "Duvar saati tam 7:11'de durdu ve sonra tekrar çalışmaya başladı." Eğer "Burada hiçbir şey düzgün çalışmaz ki zaten," gibi bir şey söylerse, şansının pek yüksek olmadığını düşün-

AKLINDAKİNİ **OKUYABİLİRİM!**

düğünü kabul edebilirsiniz. Ama "Belki de Atlantic City'ye gidip yirmi-bir **oynamalıyız,"** gibi bir şey söylüyorsa, toplantıyla ilgili iyimser olduğunu anlayabilirsiniz. Duygularını açığa çıkarmak için neyi seçtiğine, ne kadar tarafsızmış gibi görünmeye çalıştığına bağlı olmaksızın, kişi bilinçaltından gelen sızıntıları genellikle engelleyemez.

3. Teknik: Çelişkiler

Hareketler ayrı ayrı ele alınmalı ve söylenenlerle karşılaştırılmalıdır. Belirgin tutarsızlıkların yanı sıra – kişi ağzıyla evet derken başını iki yana sallaması gibi – kişinin gerçek duygularını açığa vuran daha gizli ama aynı derecede etkili başka işaretler de vardır.

İki yönlü mesajlarla karşılaştığınız her seferinde, bir numaralı kural şudur: Duygusal ifadeleri söylenen sözlere tercih edin. Fiziksel bir hareket, bir yüz ifadesi veya sözler tutarsız olduğu her seferinde, kişinin söylediği şeylerin inandıklarından farklı olduğundan büyük ölçüde emin olabilirsiniz.

ENSTANTANE

Bir erkek kız arkadaşına ilanı aşk ederken kaşlarını çatıyor veya yumruklarını sıkıyor. Ona karşı pek de sıcak duyguları olmadığı ortada. Ya da araba tamirciniz yüzünde hafif bir gülümsemeyle size üzgün olduğunu ama sipariş verdiği parçanın yanlış geldiğini söylüyor. Ya üzgün değil, ya parça yanlış değil ya da ikisi de değil.

Aslında iki yönlü mesajları sık sık alırız ama beynimiz bilgiyi kolayca hazmedilir bir şekilde düzenlemeye çalıştığı için, çabucak göz ardı ederiz. Ama dikkatimizi verirsek, doğal bilgi seçimi sürecini durdurabilir ve gerçekte neler olup bittiğini daha net bir şekilde görebiliriz. Size verilen mesajın gerçeği olup olmadığını anlamak için şu işaretlere dikkat edin:

- Hareketlerle kelimeler arasında eşzamanlılık yok.
- Baş mekanik bir şekilde hareket ediyor.
- Hareketler sözel mesajla uyuşmuyor.
- Duygusal hareket zamanlaması/sürekliliği "kesik" görünüyor.

TÜYO

İnsan konuşması kaydedildiğinde ve tersten dinlendiğinde, bazen gürültünün arasında çok net, kısa ifadeler duyulabilir. Tersine konuşma, insan iletişiminin başka bir biçimi olarak tanımlanmaktadır. Bu konunun savunucuları, dilin ileri ve geri aynı seviyede olduğunu söylerler. Konuşmanın seslerini insan beyni oluşturduğundan, sesleri iki ayrı mesajın aynı anda söylenmesine izin verecek şekilde oluştururlar; biri, bilinçli zihnin konuştuğu ileri yönde, diğeri bilinçaltının konuştuğu tersine yöndedir.

4. Teknik: Temiz Bir Sayfa

Genel olarak, kişi geleceğiyle ilgili ne kadar iyimserse, geçmişiyle ilgili olarak da o kadar bağışlayıcı olur. Bu prensip, özellikle geçmişin gelecekle doğrudan bağlandığı durumlarda son derece belirgindir. Psikolojik bağlantı bize bir kişinin belli bir durumla ilgili gerçek duygularını ve düşüncelerini geçmişle bağlantılı duygularıyla karşılaştırmak için önemli bir fırsat sunar.

ENSTANTANE

Hillary'nin eski iş ortağı Gary, Hillary ile aynı müşteri için çekişiyor. Gary'nin toplantısından sonra, Hillary sadece şöyle bir şey söylüyor: "İşlerin bu şekilde sonuçlanmasına çok üzüldüm." Gary bu müşteriyle ilgili olarak geleceğine inanıyorsa, Hillary'ye nazik bir cevap verecektir. Ama bu müşteriyle geleceği konusunda kötümserse, tepkisi gerçek duygularını yansıtacaktır.

İşler bizim için yolunda giderken, bizi bulunduğumuz yere getiren geçmişteki olumsuz deneyimlere karşı daha bağışlayıcı oluruz. Ama yaptığımız şeyden dolayı öfke veya hayal kırıklığı yaşadığımızda, bizi bulunduğumuz yere sürükleyen insanlara ve durumlara karşı daha düşmanca davranırız.

ENSTANTANE

Gwen, eski nişanlısı ile yeni kız arkadaşı Pam arasında işlerin ciddi olup olmadığını öğrenmek istiyor. Elbette ki bunu doğrudan sorabilir ama dürüstçe bir cevap alacağına pek inanmıyor. Dolayısıyla, şöyle diyebilir: "Birlikte paylaştığımız zamana değer verdiğimi bilmeni istiyorum." Şimdi yapacağı tek şey, eski nişanlısının tepkisini ölçmektir. Eğer alaycı ve kaba davranırsa, muhtemelen mevcut ilişkisiyle ilgili kendini pek iyi hissetmiyor demektir. Ama Pam ile işler yolunda gidiyorsa, muhtemelen nazik bir şekilde karşılık verecektir. Elbette ki karşınızdakinin kişiliğini tanımak da bu konuda çok önemli bir avantaj sunar. Eğer genellikle aşırı alaycılık veya aşırı kibarlık gibi bir eğilimi varsa, bunu daha öncesinde bilmeniz gerekir.

TÜYO

Ruh hali, kişinin mevcut durumuyla ilgili tutumunu göstermekte pek etkili değildir; ruh hali, daha ziyade gelecekle ilgilidir ve geçmişle pek ilgisi yoktur. Kişinin ruh hali iyi olduğunda, muhtemelen iyi bir şey olmasını bekliyor demektir. Kişi tatildeyken ertesi gün işe döneceğini düşünüyorsa, ruh hali kötü olabilir. Buna karşılık, Hawaii'de yapacağı tatil için sabırsızlanan biri iş yerinde de neşeli olabilir. Elbette ki yakın geçmişte tatsız bir şey olduğu için de kişinin morali bozuk olabilir. Ama istatistiki olarak, ruh hali gelecekle ilgilidir ve yakın geçmişteki rahatsız edici bir olayı ortadan kaldırabiliyorsanız, gelecekteki tatsız bir olayın beklentisi içinde olması daha muhtemeldir.

5. Teknik: Göz Erişimi İpuçları

Milton tarzı hipnozun uzak akrabası olan NLP (Neurolinguistic Programming – Sinir Dili Programlama), size kişinin düşünceleriyle ilgili önemli görüşler sunabilir; özellikle düşüncelerin göz hareketleriyle bağlantıları açısından. Örneğin, gün içinde hayallere dalan bir kişinin başının hafifçe sağa yattığını ve gözlerinin sol yukarı baktığını hiç fark ettiniz mi (bu, sağ elini kullananlar için geçerlidir)? Genel durum şudur:

Kişi yukarı baktığında, görsel bilgi alıyor veya hatırlıyor demektir. Sağ elini kullanan biri yukarı ve sola bakıyorsa, geçmişteki bir olayı görsel olarak hatırlıyor demektir. (Sol elini kullanan biri için, bunun tersi geçerlidir.) Kişinin yukarı ve sola (sizin sağınıza) baktığını fark ederseniz, görsel bir imajı yeniden yarattığını anlayabilirsiniz.

Genel olarak, sağ elini kullanan insanların çoğu, gözlerini görsel bilgi için yukarı, işitsel bilgi için karşıya, sözel bilgi ve duygular için aşağı, yapılandırılmış veri için sağa ve anılar için sola çevirirler.

ENSTANTANE

Yapmanız gereken ilk şey, karşınızdaki kişinin sağ elini mi, yoksa sol elini mi kullandığını anlamaktır. Bunu sadece ilk arabasının rengini sorarak yapabilirsiniz. Cevabını aldıktan sonra, gerçek düşüncelerini anlayabilirsiniz. Örneğin, elemanınıza neden işe geç geldiğini sorduğunuzda "Tam önümde kötü bir araba kazası oldu," diyorsa, şöyle bir şey sorabilirsiniz: "Arabanın rengi neydi?" Eğer bilgi hatırlama yerine yapılandırmaya yöneliyorsa, yalan söylediğini anlayabilirsiniz.

5. BÖLÜM

İLGİ SEVİYELERİNİ ÖLÇMEK: İLGİLENİYOR MU, YOKSA ZAMANINIZI BOŞA MI HARCIYORSUNUZ?

"İnsanlar işten söz ettiklerini sandıkları sürenin yarısında, zamanlarını boşa harcıyorlar."
— Edgar Watson Howe (1853-1937)

Şimdi, çıktığınız kişinin sizden hoşlanıp hoşlanmadığını, iş arkadaşınızın projenizde size yardım etmeyi isteyip istemediğini veya potansiyel müşterinizin ürününüzle ilgilenip ilgilenmediğini anlayalım.

Bir kişinin ilgili olup olmadığını anlamak için kullandığımız teknikler zor değil. Tek sorun, bir şeyin işe yaramasını istediğimiz ölçüde – bir satış ya da bir ilişki gibi – karşı tarafın ilgisini tarafsızca ölçme becerimizin zayıflamasıdır.

Bakış açımız daraldığında, daha nevrotik hale geliriz. Örneğin, önemli olduğuna inandığımız bir şeyin peşinden koşarken – bir ilişki veya bir proje gibi – her şeyi analiz edebilir ve abartılı bir önem duygusu katabiliriz. İlgilendiğimiz bir şey bizi etkisi altına alma, bütün dünyamız haline gelme gücüne sahiptir. Dolayısıyla, yapabileceğimiz en iyi şey, duruma olabildiğince tarafsız bir şekilde bakmak ve şöyle sormaktır: *"Eğer bunu yaşayan bir arkadaşım olsaydı, ona ne tavsiye verirdim?"*

Biriyle veya bir şeyle ilgilenen bir kişi, gerçek duygularını gizlemek için bir şey söylese ya da yapsa bile, bunu gösterir. Bu bölüm, iki tekniği ele alacaktır; kişinin herhangi bir şeye ilgi seviyesini ölçmek için kullanabileceğiniz iki temel ilgi işareti ve neredeyse hiç yanılmayan, ileri düzeyde bir yöntem.

1. Teknik: Kişisel Çıkar

Şu bir numaralı kuralı asla unutmayın: İnsanlar kendi çıkarları için uğraşırlar. Buradaki önemli görüş nedir? Bir kişinin herhangi bir şeye ilgisini ve arzusunu sorguladığınız her seferinde, söylediği değil, *yaptığı şeyi düşünün.*

ENSTANTANE
Bir kişi ilgilendiği bir şeyle uğraşamayacak kadar meşgul olduğunu söylüyorsa, dürüst değil demektir. İlgisinin samimi olması yönündeki kendi arzumuz düşüncelerimizi bulandırmasa, bunu daha sık görebilirdik.

Bu kişiye bir şeye yatırım yapmasını söyleyin – zaman, para veya enerji – ve bahaneler öne sürüp sürmediğine bakın. Bir kişi kendinden ne kadar çok şey yatırmaya karar verirse, o kadar ilgilidir (algı yönetimini filtrelediğinizi varsayarak). Hayat, bir öncelikler meselesidir; hepimizin öncelikleri vardır ve hepimiz bizim için gerçekten önemli olan şeyler için zaman yaratırız. Bir kişi zamanı olmadığını söylediğinde, genellikle zamanını harcamasına değmediğini düşündüğünü ifade etmektedir.

1. İşaret: Gözler Ele Verir

Gözbebeklerinin genişlemesi, bir kişinin ilgisini ölçmenin çok etkili bir yolu olabilir. Bir kişi ilgili olduğunda veya meraklandığında, daha "net görebilmesini" ve daha fazla bilgi toplayabilmesini sağlayacak, bunun için daha fazla ışığı içeri alacak şekilde gözbebekleri genişler. Bir kişi daha az alıcı olduğunda, gözbebekleri küçülür. Bu fikri gerçek dışı olarak görmek çok kolaydır ama dikkatinizi verirseniz, değişiklikleri kolayca gözlemleyebilirsiniz. Araştırmacılar Lubow ve Fein (1996), suç mahallerinin fotoğrafları gösterildiğinde gözbebeklerini ölçerek, suçluları yüzde 70 oranında tespit edebildiklerini ve böyle bir bilgiye sahip olmayanları *yüzde 100* oranında eleyebildiklerini belirtmişlerdir.

Gerçek şu ki bazı pazar araştırması firmaları, çeşitli ürün ve ambalajlara bakarken müşterilerin ilgi seviyesini belirleyebilmek için, gözbebeğini ölçen gizli kameralar kullanmaktadır. Bakan kişinin gözbebeği genişlemesiyle görsel tetiklemeye gösterilen ilgi faktörü arasındaki bağlantıyı araştıran bu yönteme "pupilometri" adı verilmiştir.

Buna ek olarak, kişi çok ilgili olduğunda, gözlerin iri iri açıldığını ve hatta ağzın açık kaldığını görebilirsiniz. Yeni bir oyuncağı şaşkınlık ve merakla izleyen bir çocuk gibi, bütün bilgileri emebilmek için gözler irileşir ve ağız açılır.

ENSTANTANE

Bir sanat galerisi sahibi, bir uzmana çeşitli parçalar gösteriyor ve şunları gözlemliyor: Uzmanın bakışları, bir parçaya diğerlerinden daha uzun süre takılıyor. Buna ek olarak, güvenlik kamerası kayıtları büyütülerek izlendiğinde, gözlerinin irileştiği ve gözbebeklerinin genişlediği görülüyor. Kendisi ne söylerse söylesin, uzman kesinlikle bu parçayla diğerlerinden daha fazla ilgileniyor.

2. İşaret: Gözler Ele Verir, Yine!

İlgisi çok olsa bile, bir kişi ilgisiz gibi görünmeye çalışabilir ama dikkatini ilgili bir şekilde nesnenin üzerinde tutmaya devam eder. Durumundan hoşlanmayabilir ve hatta bundan korku duyabilir ama sonuçla fazlasıyla ilgilendiğinden emin olabiliriz.

Örneğin, yılan fobisi olan bir kişi bir sürüngen gördüğünde paniğe kapılabilir ama dikkatini yılandan ayıramaz. Bıçaklı saldırıya uğrayan bir kişi, bıçağa odaklanacaktır, çünkü bıçağın yerini sürekli olarak bilmek isteyecektir.

Ama anlaşılır bir şekilde, yetişkin bir adam elinde oyuncak bıçak tutan beş yaşında bir çocukla karşılaştığında, ilgisi aynı olmayacaktır. Sadece yüksek ilgi seviyesi kişinin belli bir nesneye odaklanmasına yol açar.

ENSTANTANE

Bir poker oyuncusu alışılagelmedik şekilde yüksek bahisler koyuyor ve rakibinin tepkisini görmeyi bekliyor. Eğer oyuncu blöf yapıyorsa, güveni düşüktür ve diğer oyuncunun ne yapacağı konusunda ilgisi artmıştır. Acemi bir oyuncuyu, gözlerinin sürekli olarak kartlarına takılmasından veya beceri seviyesine bağlı olarak, rakibin eline odaklanmasından anlayabiliriz. Hemen geri bildirim ister ve rakibinin elleri, bundan sonra ne yapacağını ortaya koyacaktır; pas mı diyecek, yoksa fişlerine mi uzanacak? Eğer blöf yapmıyorsa ve kaybetmesi düşük olasılıksa, rahat bir tavırla rakiplerinin ve diğerlerinin yüzlerine bakınabilir. (Daha deneyimli olanlar algı yönetimine başvururlar ama endişesiz görünmeye çalışarak yine kendilerini ele verirler.)

TÜYO

Kendinizi bir restoranda, parkta veya halka açık başka bir yerde bulduğunuzda ve birinin sizi izleyip izlemediğini, sizinle ilgilenip ilgilenmediğini anlamak istediğinizde, tavana bakıp tek bir noktaya odaklanın. Sonra çabucak dönün ve nereye baktığını kontrol edin. Eğer sizi izliyorsa, o da baktığınız yere bakacaktır.

AKLINDAKİNİ OKUYABİLİRİM!

2. Teknik: Merak Kediyi Ele Verir

"Merak Kediyi Ele Verir," çoğu durumda işe yarayan, harika bir tekniktir. Temel varsayım şudur: Bir şeyle veya biriyle ilgilenen bir kişi, ilgilenmeyen birine oranla daha fazla bilgi edinmek ister. Bu teknikle, bir merak duygusu yaratırız ve karşımızdaki kişi daha fazla bilgi edinmek istediğinde, en azından orta seviyede ilgili olduğunu söyleyebiliriz. Meraklı değilse, ilgilenmiyor demektir. Buradaki püf noktası merakı harekete geçirmek, karşınızdaki kişiyi merakını gidermek için bir şeyler yapmak zorunda bırakmaktır. Bu tekniğin psikolojisini çok çeşitli alanlarda uygulayabilirsiniz.

ENSTANTANE

Diyelim ki eski şirketinizin sizi hâlâ geri isteyip istemediğini öğrenmek istiyorsunuz. Bağlantınıza boş bir e-posta mesajı gönderin. Sizinle ilgileniyorsa, boş mesajla ne demek istediğinizi (veya iliştirmeyi unuttuğunuz bir dosya olup olmadığını) merak edecektir ve size cevap verecektir. Eğer ilgilenmiyorsa, muhtemelen mesaja aldırmayacaktır.

Bu tekniği, birinin bir şeyi yapmaya ne kadar istekli olduğunu keşfetmek için de kullanabilirsiniz. Bunun için, harekete geçmesini sağlayacak bir tetik yaratmak zorundasınız; ne kadar çok enerji yatırırsa, ilgisinin o kadar yüksek olduğunu düşünebilirsiniz.

ENSTANTANE

Küçük bir şirkette çalışan Denise, bir iş arkadaşının başka bir bölüme geçmekle ilgilenip ilgilenmediğini öğrenmek istiyor. Doğrudan sorarak doğru bir cevap alacağını sanmıyor. Şöyle bir şey diyebilir: "Tom, muhasebe bölümünde bir açık olduğunu duydum." Elbette ki sadece merakını gidermek istiyorsa, Tom maaş, çalışma saatleri ve diğer birçok konu hakkında soru sorabilir. Dolayısıyla, Tom'u daha fazla bilgi almak zorunda bırakmak için, Denise bahsi artırıyor. Eğer Tom ilgileniyorsa, yemi yutacaktır. Denise şöyle bir şeyle devam edebilir: "Saatlere bağlı olmayan ve gerektiğinde geç saatlere kadar çalışabilecek birini istediklerini duydum." Şimdi, Denise'in yapacağı tek şey, Tom'un her zamanki saatte çıkıp çıkmadığına veya mesai saati bitiminde biraz daha kalıp kalmadığına bakmaktır.

3. Teknik: Gerçekliği Değiştirmek

Bir kişinin güveni, ilgisiyle ters orantılıdır. Örneğin, kendini çekici bulan bir kadın, görünüşüyle ilgili kendine güvenir. Eğer etkilemeyi çok istediği bir erkekle aynı ortamda olursa, kendini daha az güvenli hissedecektir. Diğer bir örnek, yıllar boyunca işsiz olan bir adamdır. Nihayet bir iş görüşmesine gittiğinde, çalışıyor olduğu ve sadece iş değiştirmeyi düşündüğü zamana oranla güven seviyesi daha düşük olacaktır.

AKLINDAKİNİ OKUYABİLİRİM!

Biriyle veya bir şeyle ne kadar çok ilgilenirsek, ilgi odağımızı elde etmek konusunda kendimize o kadar az güveniriz. *Bakış açımız daralır* ve odağımız artar. *Güven objektifiyle ilgiyi gözlemleyebilir veya bunun tersini yapabiliriz.* Örneğin, çok sayıda iş teklifi alan biri, tekliflerin her birini oldukça tarafsız bir gözle inceleyebilecektir.

Ama iki yıldır işsiz olan, mutfak masasında faturaları yığınla biriken ve sonunda bir iş görüşmesine giden birinin bakış açısı farklıdır. Görüşmeyi tekrar tekrar gözden geçirecek, hiç durmadan düşünecek, en küçük detaylara bile takılacak ve bütün bu süre boyunca işi alamayacağından korkacaktır. Böyle bir kişi, sadece seçenekleri çok sınırlı olduğu için takıntılıdır.

Kişiyle sohbette bağlantı kurma becerisine sahip olduğunuzda, bu teknik, karşınızdaki işinin ilgi seviyesini ölçmenizi sağlar. Aşağıda her adımın kısa birer açıklamasını bulabilirsiniz. Her birini daha detaylı bir şekilde inceleyecek ve hepsinin birlikte nasıl çalıştığını göstermek için birkaç örnek vereceğiz.

1. Adım: İlk Gözlem: Siz bir şey söylemeden veya yapmadan önce ne kadar ilgili göründüğünü anlamak istersiniz.

2. Adım: Gerçeklik Değişimi: Ona bilgi verirken, istediklerini elde etme olasılığının azaldığına inanmasını sağlarsınız.

3. Adım: Tepki Gözlemleme: Davranışını gözlemlersiniz. Eğer hayal kırıklığına uğrar veya sinirlenirse, kesinlikle ilgileniyor demektir. Ama şansının azaldığını görmekten rahatsız olmuyorsa, ilgilenmediğine karar verebilirsiniz.

4. Adım: Sınır Kaldırma: Zaten şansı olmadığına inanabileceği ve bu yüzden sinirlenmeyebileceği, dolayısıyla yanlış anlamanıza yol açabileceği için, diğer yönde hareket edersiniz ve neden istediklerini alamayacağı konusunda bir neden sunarsınız. Şimdi, eğer heyecanlanırsa, ilgilendiğini ama istediği şeyleri kolayca elde edebileceğine inanmadığını anlayabilirsiniz.

Bu adımların her birinin derinlemesine nasıl göründüğüne tek tek bakalım:

1. Adım: İlk Gözlem

Karşınızdaki kişi ilk gözlemde güvenli gibi görünüyorsa, şu sonuçları çıkarabiliriz: (a) İyi bir sonuçla ilgileniyor ve şansının yüksek olduğunu hissediyor veya (b) ilgilenmiyor. Basitçe, eğer bir şeyle ilgilenmiyorsa, başarısından emin olduğu için değil, sadece umursamadığı için güvenli görünebilir. Elbette ki ilk görüşmede güvensiz görünüyorsa, ilgi seviyesinin yüksek olduğu sonucuna da varabiliriz.

2. Adım: Gerçeklik Değişimi

"Gerçeklik Değişimi" sayesinde, kişinin başarılı olmak konusundaki bakış açısını daraltabilir ve sonra il-

AKLINDAKİNİ OKUYABİLİRİM!

gi seviyesini ölçebiliriz. Unutmayın, kişinin bakış açısı ne kadar geniş olursa, gerçekliği o kadar net görür ve bunun tersi de doğrudur. Birinin bakış açısını yapay olarak daraltmakla, görüşünü bulandırır ve onu istediği şeye doğru koşmak zorunda bırakırsınız. Bir kişinin biriyle veya bir şeyle ilgilenip ilgilenmediğini öğrenmek istiyorsanız, onu elde etme olasılığını azaltın. Güven seviyesi düşerse, ilgi seviyesi yüksek demektir. Eğer güven seviyesi değişmezse, ilgi seviyesi düşüktür ve bütün tahmin denemeleri denklemin dışında kalır.

3. Adım: Tepki Gözlemleme

"Gerçeklik Değişimi"nden sonra, sadece zayıflamış güven işaretlerine ve ruh halindeki değişimlere bakın. Bir şeyi isteyen ama elde edemeyeceğinden korkan biri, dar bir bilinç durumuna girecektir. Aşağıdakiler, hem düşük güven hem de kötü ruh hali işaretleridir.

• Güven düşüklüğü işaretleri: Dikkatini verememe, gerginlik veya rahatsızca kıpırdanıp durmak (daha fazla derinlemesine işaretler için önceki bölüme bakınız).
• Kötü ruh hali işaretleri: Öfkeli, kaba, kolayca öfkelenen, sinirli, alıngan, düşüncesiz veya şefkatsiz.

4. Adım: Sınır Kaldırma

Hangi durumda kişinin ilgisi yüksek olabilir ama şansı azalırken endişe belirtisi göstermeyebilir? Cevap: *Kişi zaten hiç şansı olmadığına inandığında.* Hiçbir şekilde başarı şansı olmadığına inanan bir kişi, tüm görüntüye rağmen güvenli değildir. Sonuçta oyunda değildir ve onu oyuna sokmamız gerekir. Örneğin, not ortalaması C olan ve üniversite yetkinlik sınavlarında 600 puan alan bir öğrenci, Harvard'a başvuruda bulunmakla ilgilenmeyecektir. Kişi hiçbir şansı olmadığına inanıyorsa, şansının azalması karşısında gerginlik veya endişe belirtileri göstermez. Yanlış bir pozitif sonuçtan kaçınmak için, olasılığı gerçeklik sınırları içine sokmamız gerekir. Eğer parası olmadığı için rahat olduğunu düşünüyorsanız, ona para verin ve bir şey fark edip etmeyeceğine bakın.

Şimdi bu tekniğin gerçek hayatta nasıl işlediğini görmek için adımları birleştirelim.

ENSTANTANE

Bir satış temsilcisi, müşterisinin düşüncelerini öğrenmek istiyor. Adam ilgili görünüyor ama herkes öyle görünür ve temsilci emin olmak istiyor. Pazarlamacı önce bakış açısını değiştiriyor ve ilgi seviyesinin düşüp düşmediğine bakıyor. Şöyle bir şey diyebilir: "Bay Smith, finansal şartların diğer çoğu yatırımdan daha sınırlayıcı olduğunu bilme-

AKLINDAKİNİ OKUYABİLİRİM!

lisiniz." Şimdi Bay Smith'in tepkisini ölçüyor. Umursamazsa, krediyi geri ödemek konusunda güveni olmadığını gösterir. Ama sinirlenirse, hem ilgi var hem de ödeyebileceğine güveniyor demektir. Şimdi, son değişikliği yapma zamanı gelmiştir. Eğer satış temsilcisi davranışta pek fazla değişiklik görmezse, ya müşteri her türlü şartı kabul etmeye hazırdır ya da anlaşmayı yapabileceğine kesinlikle güvenmiyordur.

Pazarlamacı, müşterisine bu evi kendisine muhtemelen peşinatsız aldırabileceğini söylüyor. Eğer müşteri daha fazla soru sormaya başlar, heyecanlanır, hareketlenirse, ev müşteri için daha da büyük bir gerçeklik haline gelmiş demektir. Daha önce, istediğini elde etme olasılığı belirgin şekilde azalmıştı ama bu son adım, hem ilgiyi hem de güvensizliği doğruluyor.

6. BÖLÜM

MÜTTEFİK Mİ, SABOTAJCI MI: GERÇEKTE KİMİN TARAFINDA?

"Bir düşmanı bağışlamak, bir dostu bağışlamaktan daha kolaydır."

– William Blake (1757-1827)

Karşınızdaki kişi sizin tarafınızda mı, sizin peşinizde mi? Biri sizinle işbirliği yapıyormuş gibi görünürken çabalarınızı sabote ettiğini düşünüyorsanız, kimin tarafında olduğunu çabucak öğrenmek için aşağıdaki teknikleri kullanın.

1. Teknik: Yardımcı Olmak İçin Ne Yapabilirim?

Bu teknik, basit ve bilinen bir varsayıma dayanır: İşbirliği yapan kişi, yardımcı olmak için mantıklı olan her şeyi yapmaya isteklidir. Ama sabotajcı gerçekte size yardım etmek filan istemediği için, sadece işbirliği yapıyor *izlenimi* uyandırmaya çalışır. Her türlü işbirliği görüntüsünün, açıkça yardım etmeyi reddetmekten daha iyi görüneceğinin farkındadır. Burada amaç, "şüpheli"nin gerçekten işbirlikçi mi davrandığını, yoksa işbirliği izlenimi uyandırmaya mı çalıştığını anlamaktır.

Bu amaca ulaşmak için, işbirliğinin doğasında gözlemlenemeyen bir şey olduğunu inanmasına izin verin; böylece, kendi çıkarı doğrultusunda hareket etmekte

AKLINDAKİNİ OKUYABİLİRİM!

serbest olacaktır. Yani, bir sabotajcıysa, sınavdan kurtulmaya çalışacaktır.

Diyelim ki bir polis detektifi bir şüpheliyi tutukladı. Kendisini sorguya çeken memur, şüpheliye kısa süre sonra doğruyu söyleyip söylemediğini ortaya çıkaracak bir test uygulanacağını söylüyor. Testin işe yaraması için, olabildiğince rahat olmak zorunda. Aksi takdirde, test işe yaramayacak.

İşte bu yöntemin ardında yatan psikoloji: Şüpheli, testin tutarlılığının işbirliği seviyesine dayandığına inanıyor. Dolayısıyla, işbirliği yapmak için elinden geleni yaparsa – yani bu örnekte belirgin bir şekilde sakin ve rahat kalmak zorunda – masum demektir. Ama testin etkililiğini önlemeye çalışırsa, işbirliği yapmak istemediğini bilirsiniz. Burada, şöyle bir konuşma duyulabilir:

ENSTANTANE
Sorgucu memur şüpheliyi oturtuyor ve şöyle diyor: "Pekala, John, sanırım bu sorunu çabucak çözebiliriz. Sana sadece birkaç dakika süren bir test çözdüreceğim. Bu testin işe yaraması için, olabildiğince sakin ve rahat olman çok önemli. Aksi takdirde işe yaramayacak. Biraz derin nefes alıp verirsen ve birkaç dakika hareket etmezsen, test geldiğinde doğru bir sonuç elde edebileceğiz. Ama kıpırdanıp durursan ve huzursuz olursan, test işe yaramayacak ve kesinlikle kullanılamaz."

Sonra sorgucu memur aniden çağrılır ve odadan çıkar; bu arada şüpheli tek yönlü camdan izlenir. Suçlu kişinin testi boşa çıkarmak konusundaki bu "ani fırsatı" kaçırılamayacak kadar iyidir. Eğer şüpheli olduğu yerde oturur ve sakin kalmaya çalışırsa, testin işe yaramasını, masum olduğunu kanıtlamayı istiyor demektir. Ama ortalıkta dolaşır ve huzursuz olursa, muhtemelen suçludur. Unutmayın, suçlu kişi doğru test sonucundan kaçınmaya çalışırken, masum bir kişi test sonucunun kesinlikle doğru çıkmasını ister.

Şüphelinin gerçek işbirliği seviyesini – sakin kalmak için ne kadar çaba harcadığı – ölçerek, suçlu mu, yoksa masum mu olduğunu büyük bir kesinlikle anlayabilirsiniz. İşte başka bir örnek:

ENSTANTANE

Cathy, yaşadığı yerdeki halka açık küçük parka süslemeler koymasına izin veren bir dilekçeyi komşularına imzalatmaya çalışıyor. Komşularıyla konuşurken, hepsi işbirlikçi görünüyor ve fikri destekliyorlar. Ama kasaba kurulu komşulardan birçoğunun şikayet ettiğini söylediği için, Cathy bundan emin olamıyor ve şikayetçiler arasında Foley ailesinin de bulunduğundan şüpheleniyor. Bu yüzden, Foley ailesinin kendisiyle aynı tarafta mı, yoksa karşısında mı olduğunu anlamak için, kapılarını çalıp şöyle diyor: "İşte imzalanması gereken dilekçe. Şimdi gitmem gerek ama eğer 16:15'ten önce ka-

AKLINDAKİNİ OKUYABİLİRİM!

pımın önüne bırakabilirseniz, ben de zamanında iade edebilirim."

Komşuları bunu kabul ettikten sonra Cathy'nin yapması gereken tek şey, oturup beklemek. Eğer gizemli bir şekilde "unuturlarsa" veya dilekçe saati geçerse, açıkça desteklemiyorlar demektir. Elbette ki dilekçeyi sokağın karşı tarafından getirmek konusunda büyük bir direnç gösterirlerse, en güçlü destekçileri arasında yer almadıkları açıktır. Eğer zamanında kapının önüne koyarlarsa, kampanyasını muhtemelen destekliyorlar demektir.iriz.

2. Teknik: Bedava Alışveriş

Size yardım etmeye çalışan biri, sürekli olarak bilginin doğru şekilde aktarılmasını ister. Bildiğiniz şeyleri bildiğinde ve onun bildiği şeyleri siz bildiğinizde, size hizmet etmek için en iyi pozisyonda demektir. Ama bütün gerçekleri bilip bilmemenizi umursamadığında veya bilgi sakladığında, size yardımcı olmaya çalışmadığını, hatta size karşı çalıştığını tahmin edebilirsiniz.

ENSTANTANE
Bir iş arkadaşınız, bir müşteriyle görüşme ayarlamanıza yardımcı olacağını söylüyor. Bunu neden yaptığını bilmiyorsunuz ve bu yüzden, doğru olmadığını bildiği bir bilgiyle yem atarak, bu

bilgiyi düzeltip düzeltmeyeceğini görmeyi bekliyorsunuz. Şöyle bir şey söyleyebilirsiniz: "Nancy, müşteri ciddi olan ama biraz mizah duygusu içeren bir kampanya istiyor. Geçen yıl onlar için hazırladığımız şeyi gerçekten beğenmişler, bu yüzden, sanırım yine ona benzer bir şey hazırlayabiliriz."

Şimdi, gerçek şu ki müşteriler önceki kampanyadan hoşlanmamışlardı ve Nancy bunu biliyor. Bu yüzden, eğer konuşmazsa, sizin tarafınızda değil demektir; yapmaya çalıştığı şey, sizi sabote etmektir.

Birinin sizin tarafınızda olup olmadığını anlamak istediğinizde, sohbet sırasında yanlış bir varsayım ortaya atın – kesinlikle doğru olmadığını ve size zarar verebileceğini bildiği bir şey olmalıdır – ve bilgiyi düzeltip düzeltmediğine dikkat edin.

3. Teknik: İş Meraklısı

Bu teknikte, bir kişinin belli şartlar altında ne kadar uyumlu olduğuna bakarak sadakat derecesini ölçebilirsiniz. Şimdi, asıl sorun şu ki sabotajcı uyumlu gibi görünmeye çalışacaktır. Burada biraz kurnazca bir psikoloji kullanmalısınız. Şöyle ki: Kişiden hiçbir riske girmeyeceği bir şeyi size vermesini isteyebilirsiniz. Sonra kişisel çıkarlarını biraz tehlikeye atarak ortamı biraz ısıtırsınız. Bu tekniğin iki aşamada uygulanması gerekir.

AKLINDAKİNİ OKUYABİLİRİM!

ENSTANTANE

Suç mahallini tanıklarla inceleyen bir polis memurusunuz. Olanları tam olarak gördüğünü tahmin ettiğiniz birine yaklaşıyorsunuz. Eğer ona "Bir şey gördünüz mü?" diye sorarsanız ve o da "Hayır," diyerek yürüyüp giderse, çok fazla seçeneğiniz kalmaz. Bir şey görüp görmediğini, işbirliği yapıp yapmadığını veya doğruyu söyleyip söylemediğini hâlâ bilmiyorsunuz.

Dolayısıyla, zararsız bir soruyla başlayarak işbirliğinde bir değişim olup olmadığını anlamak zorundasınız. Örneğin, "Bu mahallede yaşamak hoşunuza gidiyor mu?" veya "Buralarda mı büyüdünüz?" gibi bir soru sorabilirsiniz. Gördüğünüz gibi, bu sorular kesinlikle tehditkar değil. Onunla böyle zararsız bir şekilde sohbete başladıktan sonra, odağı değiştirir ve asıl soruyu sorarsınız: "Neler olduğunu gördünüz mü?"

Şimdi, eğer hayır der ve uzaklaşmaya çalışırsa, neler olduğunu bilebilecek ama işe karışmak istemeyen, işbirliği yapmayan bir tanık olduğunu anlarsınız.

Ama hayır der ve yanınızda kalarak konuşmaya devam ederse, muhtemelen bir müttefiktir ve gerçekten size yardımcı olmaya çalışıyordur ama bir şey bilmiyordur. Ama bir şeyler gördüğünü söylerse, yardım etmeye çalıştığını zaten anlarsınız.

Şimdi başka bir uygulamaya bakalım:

ENSTANTANE

Bir tesis müdürü, depoya girebilen üç yetkisiz elemandan birinin, gizli kutuları karıştırdığından şüpheleniyor. Üç şüpheliye de şunları söylüyor: "Hırsızın görüntüsü kısmen kamerayla tespit edildi (bu elbette ki doğru değil, çünkü aksi takdirde onları sorguya çekmesi gerekmezdi) ve ceketinde şirket logosunun olmadığı görüldü. Üçünüzden de şirket ceketlerinizi odama getirmenizi isteyebilir miyim?"

Şimdi, karşınızda ceketlerinde şirket logosunu muhtemelen taşıyan üç kişi var. Ama asıl suçlu heyecanlı, çünkü şirket ceketinde logonun eksik olmadığını göstererek suçlu olmadığını kanıtlayabilecek; aslında, *ceketlerin hiçbirinde böyle bir eksik yok.*

Tekniğin burada bir püf noktası var: Elemanların her biri ceketiyle geldiğinde, müdür şöyle ekliyor: "Yanılmışım. Kamera bir logo gösteriyor ama görüntü çok belirsiz olduğu için ilk başta fark edememişiz. Bu yüzden, ceketleri laboratuarda inceleyerek "depo tozu" arayacaklar; ceketlerinizi bana şimdi veya mesai saati bitiminde gitmeden önce bırakabilirsiniz."

İşte şimdi suçluyu yakaladı: Masum kişi, adını hemen temizlemek için ceketini bırakacaktır. Suçlu kişi ise test için teslim etmeden önce giysiyi temizlemek isteyecek ve muhtemelen neden yanına alması gerektiği konusunda zayıf bir bahane sunacaktır.

AKLINDAKİNİ OKUYABİLİRİM!

Gördüğünüz gibi, ilk olarak ceketleri incelenmek üzere teslim etmelerini istese, kimin ceketi temizleyeceği ve kimin "delille oynamadan" ceketi teslim edeceği konusunda hiçbir fikri olmayacaktır. Ceketler elinin altındayken şüphelilere yeni kriterleri bildirerek, kimin işbirliği yapmaya hazır olduğunu ve kimin olmadığını kolayca anlayabilir.

4. Teknik: Altı Yıldız Testi

Get Anyone to Do Anything (*Herkese Her İstediğinizi Yaptırın*) adlı kitabımda, bu fikri çok basit bir testle incelemiştim. Genel olarak, birinin iyi bir dost olup olmadığını, sizi kullanıp kullanmadığını anlamak istiyorsanız, sadakatinin gerçekte nerede olduğunu öğrenmek için şunları deneyin:

İlgi: Bir dostu tanımlamak için en önemli kriterlerden biri, kişinin sizin hayatınızla ne kadar ilgilendiğidir. Ona hayatınızda olup biten önemli bir şeyden söz edin ve devamında neler olduğunu sormasını bekleyin. Eğer sizi aramazsa, onu siz arayın ve konuyu açıp açmadığına dikkat edin. Son olarak, konuyu açmazsa, bir imada bulunun ve önceki konuşmanızı hatırlayıp hatırlamadığına bakın.

Sadakat: Ortak bir arkadaşınız hakkında bir sır söyleyin ve sırrın ona iletilip iletilmediğine bakın.

Gerçek dostlar, bir ilişkide güvenin değerini bilirler. Ama önce sırrını söylemek için ortak arkadaşınızdan izin alın.

Gurur: Herkes size "neşelenmenizi" söyleyebilir. Bu onlara kendilerini iyi hissettirir. Ama iyi bir iş çıkardığınızda kim sırtınızı sıvazlıyor? Kıskanmayan dostlarınız sizi överler. Gerçek dostlarınız, başarılarınızla gurur duyar, sizi kıskanmazlar. İşler iyi gitmediğinde sizi "neşelendirecek" çok kişi bulursunuz ama işler iyi gittiğinde kutlayacak kişi sayısı azdır.

Dürüstlük: Gerçek bir dost, size duymak istemediğiniz şeyleri söyler. Size yararı olacaksa, ona kızmanıza aldırmaz. Kendisine kızacağınızı bilse bile, yararınıza olacak şeyler söylüyor mu?

Saygı: Ona hayatınızda heyecan verici bir şeyin iyi gittiğini ama şu anda kesinlikle bu konuda konuşmamayı tercih ettiğinizi söyleyin ve sizi zorlayıp zorlamadığına bakın. Merakla endişe arasında bir fark vardır. Eğer "bilmesi gerekiyorsa" sizinle değil, dedikoduyla ilgileniyordur. İyi bir dost tercihlerinize saygı duyar ve size nefes alacak fırsat tanır; en azından şimdilik. Arada bir konuyu açabilir, çünkü ilgileniyordur ama şimdi üzerinde konuşmak istemediğinizi söylediğiniz bir konu için sürekli olarak ısrar etmez.

Olumsuz değil, olumlu bir "gizem" kullanmanızın nedeni, bir terslik olduğunu veya kendinizi iyi hissetmediğinizi bilen iyi bir dost, sizin için endişelendiğinden dolayı zorlar. Dostunuzu bu şekilde "sınamak" istemezsiniz, çünkü onu endişelendirmek istemezsiniz.

Fedakarlık: Eğer sizi mutlu edecekse, bir şeyden vazgeçmeye razı mı? Mutluluğunuz için kendi zevkinden vazgeçebiliyor mu? Birlikteyken ne yapacağınıza kim karar veriyor? Sözlüğünde "uzlaşma" kelimesi var mı? İşler iyi gitmediğinde ve sizi kendilerine karşı gördüklerinde, çoğu kimse kişisel çıkarlarını savunur. İkinizi de zarar görmeden kurtaracak bir fikri veya planı var mı, yoksa sadece kendini kurtarmaya ve çıkarlarını korumaya mı çalışıyor?

Çeşitli zamanlarda hepimizin kendi hayatlarımıza odaklandığımızı ve başka birine odaklanmakta zorlandığımızı unutmamak önemlidir; hatta onlara gerçekten değer versek bile. Dolayısıyla, bu kişiyi tek bir olaya göre değil, uzun bir süreçte paylaştıklarınıza ve yaşadıklarınıza bakarak değerlendirin.

5. Teknik: Büyük Satış

Bu teknikle, onun bir müttefik olmayabileceği konusundaki endişenizi gerçekten ortaya koyuyorsunuz. O halde, yapmanız gereken tek şey ruh halini ölçmek. Böyle bir sadakatsizlikle suçlandıktan sonra, gerçekten bir müttefikse, karşınızdaki kişi hâlâ biraz öfkeli, üzgün olacak veya en azından sorular sormak isteyecektir. Ama gerçekten bir sabotajcıysa, konuyu değiştirmeye hevesli olduğunu ve bu küçük konuşmadan sonra ruh halinin belirgin bir şekilde iyiye doğru değiştiğini görürsünüz.

Buradaki püf noktası, konu konuşulduktan sonra ruh halini ölçmekte değildir, çünkü ikna edici bir oyuncu olabilir. Bunun yerine, konu değiştikten sonra sizi "kandırdığı" için memnun olup olmadığına veya dostluğu sorgulandığı için üzülüp üzülmediğine bakın. Bu teknikteki önemli kısım, söylediği şeyleri tamamen ve olduğu gibi kabul ettiğinize inanmasını, böylece sizi tekrar kandırmak zorunda kalmayacağını hissetmesini sağlamaktır.

ENSTANTANE
Bir iş arkadaşınızın arkanızdan işler çevirdiğinden şüpheleniyorsunuz. Bu yüzden, sadece endişenizi tehditkar olmayan bir şekilde açıklıyorsunuz. Örneğin, şöyle diyebilirsiniz. "Helen, Denise'in terfisini benimkinin önüne aldığın ve takıma yaptığım katkıyı küçümsediğin yönünde bir söylenti duydum." Şimdi, söylediklerine pek fazla aldırmayın. Gülümseyin ve cevabını kabul edin. Dikkat edeceğiniz şey şu olmalıdır: Cevap verdikten sonra size söylentinin onu ima ettiğini "neden" ve "nasıl" düşündüğünüzü soruyor mu, yoksa ortadan kaybolup yemeğe mi gidiyor? Eğer gerçekten dostsa, durumu netleştirmek isteyecektir. Eğer bir sabotajcıysa, sohbeti elinden geldiğince çabuk şekilde sona erdirmeye çalışacaktır.

AKLINDAKİNİ OKUYABİLİRİM!

> **TÜYO**
> Başkalarını kontrol etmeye veya kullanmaya çalışan biri, daima "yardımsever" kişi görüntüsü çizmeye çalışır. Elbette ki sadece iyi bir insan da olabilir ama kendinize şu soruyu sormalısınız: "Bana neden bu kadar nazik davranıyor?" Bunun amacının sizi sinsi bir insan yapmak olduğunu sakın düşünmeyin. Daha ziyade, herkesin kendine göre nedenleri olduğunu hatırlayın; bazıları iyi, bazıları kötü. İyi tanımadığınız biri size nazik davranıyorsa, özellikle bunu iyi bir ruh hali içinde değilken yapıyorsa, sizden istediği bir şey olduğu anlamına gelebilir ve sizi kullanmaya hazırlanıyor olabilir.

Sinyal: Duygusal Hırsızlık

Güçlü duygular, gerçeklik görüşümüzü bulandırır. 2,000 yıldan uzun süre önce, Aristo duygular ve görüş bulanıklığıyla ilgili olarak şöyle demişti: "Güçlü duyguların etkisi altındayken, kolayca aldanırız. Korku etkisi altındaki korkak ve aşkın etkisi altındaki aşık öylesine illüzyonlara kapılır ki korkak baktığı her şeyde düşman, aşık da baktığı her şeyde sevgilisini görür."

Duygusal durumlar ya kendinden doğar, ya dışarıdan kaynaklanır veya her ikisinin bir bileşimidir. Daha güçlü bazıları arasında suçluluk, siniklik, egoizm, korku, merak, beğenilme ihtiyacı ve sevgi vardır. Bu durumlardan biri içinde hareket ederken, yargılarınız muhtemelen sınırlanacaktır. Dahası, bunlardan birini kullanan biri, sizi mantıktan duyguya kaydırmaya ve böylece kullanmaya çalışır. Bu süreçte gerçeği kaybedersiniz, çünkü mantıksal hareket etmez ve önünüzdeki kanıtları etkili şekilde göremezsiniz. Bazı genel biçimler şöyle ifade edilebilir:

ENSTANTANE

Suçluluk: "Bunu nasıl söylersin? Bana güvenmemene kırıldım. Artık seni tanıyamıyorum."

Korku: "Biliyor musun, bu anlaşmayı olduğu gibi kaçırabilirsin. Bunun müdürünü çok mutlu edeceğini sanmıyorum. Umarım ne yaptığını biliyorsundur. Başka bir yerden daha iyi bir anlaşma bulamayacağını sana söylüyorum. Aksini düşünüyorsan, aptalsın."

Egoya Sesleniş: "Akıllı biri olduğunu görebiliyorum. Seni hiçbir konuda kandırmaya çalışmam, çünkü hemen yakalanacağımı bilirim."

Merak: "Sadece bir kere yaşayacaksın. Dene. Her zaman için geri dönebilirsin. Eğlenceli olabilir; gerçek bir macera."

Beğenilme İhtiyacı: "Senin gerçek bir oyuncu olduğunu sanıyordum. Herkes öyle. Bizim yanımızda olmazsan gerçekten hayal kırıklığına uğrayacağım."

Sevgi: "Beni sevseydin, sorgulamazdın. Ben

AKLINDAKİNİ OKUYABİLİRİM!

sadece senin iyiliğini düşünüyorum. Sana yalan söylemeyeceğimi biliyorsun."

Sadece kelimeleri değil, mesajı da tarafsız bir şekilde dinleyin. Bu etkenler, gerçekleri hazmetme becerinizi engeller. Duygular düşüncelerinizi bulandırdığında, duygularınızı geçici bir süre için askıya alarak önünüzdekilere bakın, içinizdekilere değil.

TÜYO

Living Without Conscience (*Vicdansız Yaşamak*; 1999) adlı kitabında, Robert Hare bizi görüntüden etkilenmememiz konusunda uyarmaktadır; kazanan gülümseme, vaatler, kolay sözler ve armağanlar, sizi kullanma ve sömürme amacı taşıyor olabilir. "Bu karakteristiklerin her biri," diye yazmaktadır Hare, "muazzam hokkabazlık değerlerine sahip olabilir ve amacı sizi kişinin gerçek mesajından uzaklaştırmaktır." Duruma olabildiğince tarafsız şekilde bakmalı, anlatılan hikayeye karşı gerçekte olanları görebilmelisiniz.

7. BÖLÜM

DUYGUSAL PROFİL: KARŞINIZDAKİ KİŞİ NE KADAR MANTIKLI, TUTARLI VE AKLI BAŞINDA?

"Normalde deliydi ama bazen zihni netleşiyor, sadece aptal oluyordu."

— Heinrich Heine (1797-1856)

Doğal gözlem veya iki dakikalık bir sohbetle, duygusal dengesizlik ve şiddet eğilimi işaretlerini çabucak fark edebilirsiniz. İlk kez biriyle çıkmaktan bebek bakıcısına ve bir iş arkadaşınıza kadar, kendinizi ve sevdiklerinizi korumak için avantaj kazanmak üzere nelere dikkat etmeniz ve hangi soruları sormanız gerektiğini bilin.

Birinin psikolojik sağlığını ölçme sürecini tam olarak anlamak için, her birimizin karşılaştığı içsel güçleri ve zorlukları gözden geçireceğiz. Genel psikoloji yöntemini netleştirerek, dikkat etmeniz gereken kırmızı bayrakları da tanımlayacağız.

Bir Kişiyi "Normal" Kılan veya Kılmayan Şeyler Nelerdir?

İnsanların içinde, genellikle birbirleriyle çatışma halinde olan üç güç vardır: Ruh (bilincimiz), ego ve beden. Ruh, doğru olanı yapmaya çalışır; ego (alt ruh)

AKLINDAKİNİ OKUYABİLİRİM!

haklı olmak ister; beden ise sadece hepsinden kaçmaya çalışır.

Kolay veya rahat olanı yapmak, bedenin istediği şeydir. Bu dürtüye kendini aşırı kaptırma örnekleri, aşırı yeme veya aşırı uyuma olarak verilebilir; sonuç olarak, yapmamız veya yapmamamız gerektiğini bildiğimiz bir şeyi yapmak ya da yapmamak, bununla ilgilidir.

Ego dürtüsü, başka birini küçük düşürmek pahasına şaka yapmaktan, gücümüzün ötesinde kalan gösterişli bir arabayı satın almaya kadar gidebilir. Temelde, bu başkalarına nasıl göründüğümüzle ilgilidir. Egomuzun etkisinde kaldığımızda, doğru imajı yansıttığına inandığımız şeyleri yaparız. Bu tercihler iyi olana değil, bizi iyi gösterene dayanır.

Son olarak, bir ruhun tercihi, kendimizi nasıl hissettiğimize bağlı olmaksızın doğru olanı yapmaktır.

Kısacası, beden kendini iyi hissettiren şeyleri yapmak ister; ego iyi görünen şeyleri yapmak ister; ruh da iyi olanı yapmak ister. Sabah alarm saati çaldığında, hepsi birbiriyle savaşa girişir. Eğer on dakika daha uyumak için erteleme düğmesine basarsak, sizce ilk raundu kim kazanmış olabilir?

Gerçek özgürlük, canımızın istediği her şeyi yapabilmek demek değildir; daha ziyade, o anda canımız ne isterse istesin, gerçekte yapmak istediğimizi yapabilmektir.

> **TÜYO**
> Diyet yaptığınızı ve aniden bir parça çikolata yemek istediğinizi düşünün. Bu dürtüye karşı koymak için uğraşırsınız ama artık dayanamaz hale geldiğinizde, teslim olursunuz. Özgür olduğunuz söylenebilir mi? Canınız yemek istedi ve yediniz. Bu özgürlük mü, kölelik mi? Sonrasında kendinizi nasıl hissedersiniz? Dürtüye karşı koyabilirseniz kendinizi nasıl hissedersiniz?

Eğilimlerimizin üzerinde yükselip direnebildiğimizde, içsel kontrolümüzü ele almış oluruz. Ancak sorumluluğu *seçebildiğimizde* ve *seçtiğimizde* özgüvenimiz güçlenir. *Özgüven ve içsel kontrol, iç içedir.* Kendimizi kontrol edemez ve anlık zevklere kapılırsak veya bir imaj çizmek ve korumak için yaşarsak, sonunda kendimizi zayıf hissederiz. Kontrol dışı dürtülerimizin kaprislerine bağlı bir halde ve başkalarının öz-imajımızı beslemelerine dayanarak yaşıyoruz.

Aşırı uyuduğumuzda veya aşırı yediğimizde, kendimize kızıyoruz. Daha derin ve genellikle bilinçsiz bir seviyede, sadece "gösteriş" için bir şeyler yaptığımızda, içimizde bir şeyler boş kalıyor. İstediğimiz şeyin kendisini – gerçekte yapmamız doğru olan şey – bir imaj uğruna harcadığımız için, hareketlerimiz özgüvenimizi kemiriyor.

Böyle bir kişi, iradesini kullanamadığı için sürekli olarak hayata karşı öfkelidir. Beklentileri asla karşı-

AKLINDAKİNİ OKUYABİLİRİM!

lanmaz. Bütün değildir ve bir asalak gibi neredeyse her şeyle – bir iltifat, kontrol, güç veya korku – beslenerek, etkileme şansına nadiren direnerek sürekli olarak alır. Düşündüğü tek şey, eksikliğini hissettiği, kendisine borçlu olunan ve kendini tam hissetmek için ihtiyaç duyduğu her şeydir. Sürekli bir arayış içindedir, çünkü aradığını asla bulamaz: Her zaman için, mutluluktan bir adım uzaktadır.

Kendine odaklanmış bir kişinin psikolojisi, arzularıyla, uçucu dürtüleriyle ve düşüncelerini büküp çekiştiren şeylerle doludur. Tek başınayken, "kendimden hoşlanmıyorum" deyip duran bilinçaltı sesini susturmak için, kendini iyi hissettiren her şeyi yapar.

Bu döngü sürekli olarak aşağı iner, çünkü kendinden hoşlanmayan bir kişi, genellikle geçici, anlık tatminlere yönelir ve dürtülerinin üzerinde yükselmek yerine, onlara teslim olur. Kendine karşı duyduğu küçümsemeyi bastıran dumanımsı zevk çabucak dağılır, çünkü aranan rahatlığın yerini daha büyük acı alır. Sadece giderek düşmeye devam eder.

Kendimizi sevmediğimizde, kendimize yatırım yapmak yerine, aşırı yeme, alkol ve madde bağımlılığı gibi zevk görüntüsündeki yöntemlerle kendimizi cezalandırır, sürekli olarak hayatlarımızı incelemekten kaçınırız. Kendimizi sevmek isteriz ama bunun yerine kendimizi kaybederiz. Kendi iyiliğimize yatırım yapamayız ve bu yüzden, sevginin yerini alacak illüzyonlara kapılırız.

> **TÜYO**
>
> Pek hoşlanmadığınız biriyle keyifli bir sohbet paylaştınız mı hiç? Sinirlerinizi altüst eden ama kesinlikle kibar ve son derece saygılı davranmanız gereken biriyle bir saat, hatta bir gün geçirmeye ne dersiniz? Acı vericidir, değil mi? Peki ya o kişiyle birlikte yaşıyorsanız... dahası, o kişi kendinizseniz? Dikkatinizi kendinizden uzaklaştırmak için ne yaparsanız yapın, duygusal ve fiziksel açıdan tamamen tükenirsiniz.

Kendine odaklanmış kişi, dönüştüğü kimliği sevmez ve bu yüzden hayatta her şey ona zor gelir. Bu çaba, tahammül edemediğiniz bir patron için çalışmaya benzer. En küçük iş bile, öfke ve hayal kırıklığı nedenidir. Tatminsiz, minnetsiz, takdirsiz, kibirli birini sevmek ve saymak bir yana, onun için çalışmaya veya ona yatırım yapmaya razı olabilir misiniz? Amaçsız şeylerle veya sonsuz eğlencelerle onu susturmaya çalışabilir, hatta alkolün yardımıyla ondan geçici olarak kurtulabilirsiniz; sizi onunla yüzleşmekten kurtaracak her şeye "evet" dersiniz.

Kişinin özsaygısı olmadığında, kendisini gerçekten sevmesi mümkün değildir. Duygusal boşluğunu doldurmak amacıyla, onay almak için dünyaya döner. Bu kavram, bütün olumsuz duyguların ve kişiler arası çatışmaların kaynağını aydınlatır: Açlığını çektiği takdir ve kabullenme, saygı paketi içinde gelir. Dünya ona saygı

AKLINDAKİNİ OKUYABİLİRİM!

duyarsa, o da kendine saygı duyabilir ve başkalarının hayranlığını ve övgülerini, öz-sevgiye çevirir. Öz-değeri, başkalarının onunla ilgili görüşlerinin doğrudan bir yansıması haline gelir. Ruh hali değişkendir ve her bakıştan, her yorumdan alınır.

Başkaları sayesinde öz-değer duygusunu yeniden kazanmaya çalışan bir kişi, sürekli bir beslenme çılgınlığı içinde yaşar ve daima başkalarının ilgisini ve takdirini arar. Ama başkalarına dayanarak yaptığımız her şey, bizi duygusal olarak tüketir.

Örneğin, giyim tarzımızı beğenilmek için düzenlersek veya başkalarını etkilemek için bir karar verirsek, duygusal açıdan bağımlı hale geliriz. Kendimizi bir bağımlılık durumuna sokarız ve bunun sonucunda, daha içsel odaklı ve kırılgan hale geliriz. Bu durumda nevrotik, endişeli, evhamlı ve hatta bunalımlı olmamız hiç de zor değildir. Şunu düşünün: Öz-değerimiz başkalarının bizi beslemesine dayalıysa – güzel bir sözle kendimizi iyi hissediyor, sert bir bakışla kötü oluyorsak – bizi besleyen dünyanın her türlü kaprisini çekmek zorunda kalırız. Ama asla tatmin olmayacağımızı anlamamız şarttır.

Daha önce dediğimiz gibi, dünyayı bozuk bir objektiften görürüz. Çok az gerçeklik algılarız ve gördüklerimizi alıkoyamayız, çünkü içinde tutacağımız sağlam bir kabımız yoktur.

> **TÜYO**
>
> Bir kaba su boşalttığınızı ama kabın tabanının olmadığını düşünün. Siz sıvıyı döktükçe, kap dolu gibi görünür. Kabını doldurduğunuz sürece, size bağımlı kişi doyar. Ama durduğunuz anda (ilginiz, saygınız veya hayranlığınız kesildiğinde), aniden boşalır ve önceki kadar susuz hale gelir. Ne kadar verirseniz verin, asla doymaz. Doldurma eylemi, aldatıcı, uçucu bir tatmin sağlar, içinden akıp gider ama onu asla doldurmaz. Umutsuz bir şekilde sürekli olarak başkalarından sevgi, onay ve saygı arar bunları koyabileceği sağlam bir kabı yoktur. Doldurulduğu kadar hızlı bir şekilde akıp gider.

Kontrol Dışı ve Öfkeli

Tanım olarak düşük özgüven, kişinin kontrol sahibi olmadığını hissettiği anlamına gelir. Unutmayın, özsaygı, içsel kontrolden gelir, dolayısıyla onu özgürlüğünden alıkoyan her türlü şartlar, son kontrol zerresini de alıp götürür. Bunun sonucu olarak, tek özgüven kaynağına zarar verir ve tepki vermesine yol açar. Kendini iyi hissetmek için dünyaya ihtiyaç duyduğundan, egosunu savunmak, duyulma hakkını korumak ve inançlarını, değerlerini ve eylemlerini haklı çıkarmak için sa-

AKLINDAKİNİ OKUYABİLİRİM!

vaşır. Zaten kontrolden çıkmış olduğundan, gerçek özgürlüğünü son zerresine kadar korumak için mücadele eder.

Saygı görmediğini hisseden bir kişide, özsaygı eksikliği herhangi bir duruma abartılı tepki vermeyi getirir. Egosundan algıladığı dünya, psikolojik beslenmesi için tek kaynaktır. Açlığını çektiği saygıyı görmediğini hissettiğinde, öfke – egonun en büyük silahı – kırılganlık duygusuna karşı bir savunma mekanizması olarak harekete geçer. Duygusal sağlıktan giderek uzaklaşırken, kişi öfkelendikçe kontrolünü de o ölçüde kaybettiğini anlamaz.

Bazı insanlar öfkelerini dışarı vurur ve sert, gürültücü, sevimsiz tipler haline gelirken, bazıları içe dönerek, sevgi ve takdir alma çabasıyla dünyayı memnun etmeye çalışan kapı paspasları olurlar. (İlerleyen bölümlerde iki türün de işaretlerini ve özelliklerini inceleyeceğiz.)

Tamam; özgüveni zayıf ve duygusal açıdan dengesiz. Ama bu, şiddet eğilimli olacağı anlamına gelir mi? Hayır. Yine de, duygusal temel atılmıştır ve dolayısıyla potansiyel mevcuttur. Şiddet potansiyelini gösteren güçlü işaretlerden bazılarını aşağıda açıklayacağız; bunlar, üç ana gruba ayrılır:

- Şiddet Potansiyelini Gösteren Genel İşaretler
- Romantik / Doğal Karşılaşmalar
- İş Yeri: Tehlikede misiniz?

1. Şiddet Potansiyeline İşaret Eden Kırmızı Bayraklar

Psikoloji konusunda daha önce söylediklerimize ek olarak, şiddet eğiliminin artmış olduğunu gösteren şu işaretlere dikkat edin:

- Çocukluğundan, ebeveynlerinden, kardeşlerinden, akrabalarından, çocukluk arkadaşlarından vs. nasıl söz ediyor? Çocukluğu veya akrabaları hakkında sert konuşan, güçlü ve belki şiddetli bir dil kullanan bir kişinin henüz çözümlenmemiş meseleleri var demektir ve bunlar patlayıcı sonuçlar doğurabilir.
- Hiç tacize uğramış mı? "Seri katil" terimini bulan FBI davranış bilimcisi Robert Ressler, *Whoever Fights Monsters* (*Canavarlarla Savaşanlar*, 1993) adlı kitabında, seri katillerin yüzde 100'ünün çocukluklarında şiddet, ihmal veya aşağılanma şeklinde tacize uğradıklarını ortaya koymuştur. Her taciz kurbanının tacizci olacağını söylemiyoruz ama istatistiki olarak, kendisi de kurban olduğu için başka birini incitme olasılığı yüksektir.
- Sorunları çözmek için şiddeti veya kaba gücü kullanma eğilimi var mı? Fiziksel çatışmaya başvurmak yerine, kişi bir kavgadan uzaklaşmayı ya da sözel olarak çözmeyi mi tercih ediyor?
- Küçük şeylere aşırı tepki veriyor ve kişisel olarak algılıyor mu? Örneğin, biri kendisine yanlış adres

AKLINDAKİNİ OKUYABİLİRİM!

tarif ettiğinde veya kasiyer para üstünü eksik verdiğinde, öfkeleniyor ve hareketin ardında kişisel bir neden arıyor mu?
- Hayvanlara veya insanlara karşı zalim mi? Kırıcı şeyler söylüyor, başkalarını utandırmaya veya aşağılamaya çalışıyor, özellikle kendilerini kolay savunamayanları hedef alıyor mu?
- Aşırı içki içiyor, madde kullanıyor veya kendisinin ya da başkalarının iyiliğine ve güvenliğine aldırmadan riskli davranışlara girişiyor mu?

Bu liste olası senaryoların hepsini kapsamıyor ama birinin şiddet eğilimli olup olmadığını göstermek açısından ana hatları çiziyor. Elbette ki şiddet eylemleri için detaylı planları varsa, borçları ödetmek veya saygı kazanmak konusunda konuşuyorsa ve elinin altında silah varsa, şiddetin hemen kapının arkasında olduğundan emin olabilirsiniz. Böyle bir durumda, birinin güvenliği tehlikede olacağı için, uygun yetkililere hemen haber verilmelidir.

2. Romantik/Doğal Karşılaşmalarda Kırmızı Bayraklar

Genel şiddet işaretleri analizine ek olarak, potansiyel bir arkadaşınızın zaman içinde size zarar verip vermeyeceğini anlamak için şu kırmızı bayraklardan yararlanabilirsiniz:

DAVID J. LIEBERMAN

- Biraz kıskançlık tatlı olabilir ama çok fazlası zehirdir. Kıskançlık, bir kişinin sizinle ilgili duygularından ziyade, kendisiyle ilgili duygularına bağlıdır. Güvensizliğe dayalı sağlıksız bir duygudur. Sizi sürekli kontrol altında tutuyor ve daima nerede olduğunuzu bilmek istiyor mu? Başkalarının yanı sıra ailenizi ve arkadaşlarınızı kıskanıyorsa, sizi flört etmekle suçlayarak kendisinin katılmadığı faaliyetlerinizi sınırlıyorsa, kesinlikle dikkatli olun. Dahası, ailenizle ve arkadaşlarınızla geçirdiğiniz zamanı sınırlıyor veya kontrol etmeye çalışıyorsa, ciddi bir soruna doğru ilerliyorsunuz demektir.
- Herhangi bir şekilde korkuyor musunuz? Sizi tehdit ediyor mu? Ayrıldığınızda neler yapabileceği konusunda endişeleniyor musunuz? Şaka görüntüsüyle olsa bile, bazen şöyle şeyler söylüyor mu: "Ben sensiz asla yaşayamam ve sen de yaşayamazsın." Benzer yorumlar da sevgi değildir; endişe kaynağıdır.
- İkiyüzlü insanlara dikkat edin; kişiliği tutarsızsa, kesinlikle uyanık olun. Size nazik, başkalarına kaba davranabilir. Elbette ki başkalarına nazik davranırken size karşı kaba davranabilir ama böyle bir durumda, zaten bir sorun olduğunu bilirsiniz. Ama birincisi daha büyük sorundur, çünkü size karşı davranışlarını ayarlamasının nedeni kişisel kazançtır; davranışları, gerçek doğasını yansıtmaz. Başkalarından bir şeye ihtiyacı olmadığında onlara nasıl davrandığı, içsel kişiliğinin

AKLINDAKİNİ OKUYABİLİRİM!

daha güçlü bir işaretidir. Nazik davranması gerekmeyen insanlara nasıl davrandığına dikkat edin; örneğin garsonlara, resepsiyon memurlarına veya kapıcılara. Bu insanlara karşı davranışları, gerçek kişiliğini açıkça gösterir.

- Herhangi bir şekilde sözel taciz uyguluyorsa, istatistiki olarak fiziksel tacizin de çok uzakta olmadığını bilin. Sözel seviyede kalsa bile, şans sizden yana değildir.
- İlişkinin başlangıcında, çok hızlı, çok güçlü geldi ve sizinle ilgili her şeye hemen takıntı geliştirdi mi? Bu hoşunuza gitmiş olsa da, endişelenmelisiniz. İlişki hakkında gerçekçi bir görüşü yok ve yeni bir ilişkinin gerektirdiğinden daha fazla vurgu ve ilgi söz konusu demektir. Davranışları, gerçekliği çok net göremeyen bir kişinin işaretleridir.
- Arkadaşlarınız veya aileniz size ondan hoşlanmadıklarını ya da onda hoşlanmadıkları bir şey olduğunu ama ne olduğunu anlayamadıklarını söylediler mi? Eğer bu olduysa, bakış açınızı kaybetmiş olabilirsiniz. Geri adım atın ve ilişkinize olabildiğince tarafsız bir gözle bakın. Birkaç gün ayrı kalın; eğer mümkünse şehirden ayrılın ve ilişkide dikkat etmeniz ama kaçırdığınız bir şeyler olup olmadığına bakın.

> **TÜYO**
>
> Tanınmış güvenlik danışmanı Gavin Debecker, *The Gift of Fear* (*Korku Yeteneği*; 1997) adlı kitabında, birinin hiçbir şekilde "hayır" kelimesini tanımamasının, tehlikede olduğunuz konusunda güçlü bir işaret olduğu yönünde bizi uyarmaktadır. Debecker'a göre, kişi "hayır" dediğinizde aldırmıyorsa, durumu kontrolü altına almaya çalışıyor ya da kontrolden vazgeçmeyi reddediyor demektir. O kişiyle pazarlık etmeyin. "Hayır" kelimesinin anlamı "Hayır"dır. Unutmayın, "Hayır," tam bir cümledir.

Önceki kırmızı bayraklar, belli davranışlara dikkat etmeniz gerektiğini göstermektedir. Ama size kaba davranıyorsa, öne sürdüğü bahanelerin hiçbirine aldırmayın (bu arada siz de onun için bahane üretmeyin!) – içki içmek, üzüntü, iş yerinde sorun yaşamak, zor bir dönem geçirmek, bir daha olmayacağı konusunda söz vermek vs. – hemen *dışarı çıkın* ve yardım almayı kabul edene kadar ilişkinizi sürdürmeyin.

3. İş Yerindeki Tehlikelerle İlgili Kırmızı Bayraklar

İş yerinizdeki bir kişinin sizin için tehlikeli olup olmayacağına karar vermek için, önceki iki gruba ek olarak, aşağıda verilen listeyi de dikkate alın.

AKLINDAKİNİ OKUYABİLİRİM!

- Yalnız, aşırı alıngan biri mi veya iş arkadaşlarıyla ilişki kurmakta zorlanıyor mu? Biriyle iyi anlaşamayan kişi zararsız olabilir ama aynı zamanda tehlikeli de olabilir. Her iki durumda da dikkatli olun; özellikle de önceki iki bölümde belirtildiği gibi şiddete eğilimi varsa.
- Yakın zamanda finansal veya kişisel bir kriz geçirdi mi; iflas, ayrılık, boşanma, gözaltı, tutuklama kararı vs. gibi? Kişinin hayatındaki önemli bir olumsuz değişim, diğer unsurlarla birleştiğinde, endişe nedeni olabilir.
- Şirket merdiveninde yükselmiyor ve ilerlemesiyle ilgili hayal kırıklığını gösteriyor mu? Terfisi veya ilerlemesi askıya alınmış mı? İş yerinde mutsuzsa ve haksızlık olarak gördüğü şeyi kaldıramıyorsa, özellikle dikkatli olun; önemli bir şey olmayabilir ama en önemli şey de olabilir.
- İş yerindeki tutumunda, davranışlarında veya performansında ani bir gerileme oldu mu? İş yerinde olup bitenlere karşı aniden ilgisini kaybetti mi? Eğer böyle bir durum varsa, burada ve önceki iki grupta listelenen işaretlere dikkat edin.

Bu uyarı işaretleri, bekleyen farkındalık konuları için size yol göstermelidir. Ama sürekli olarak "herkesten ve her şeyden bıktığından" söz ediyorsa, yapılanların hesabını soracağını söylüyorsa, intikam almak veya sorunlarını çözmek için bir plan yaptığını ima ediyorsa, özellikle dikkatli olun.

Önceki kırmızı bayraklara ek olarak, düşük özgüven ve diğer olası taciz veya şiddet davranışlarıyla ilgili işaretler için okumaya devam edin.

2. KISIM

ZİHNİN PLANI: KARAR VERME SÜRECİNİ ANLAMAK

Temel duygu ve düşünceleri okumanın ötesine geçin: İnsanların nasıl düşündüğünü öğrenirseniz, herkesin profilini çıkarabilir, davranışlarını tahmin edebilir ve bir kişiyi kendisinden daha iyi anlayabilirsiniz.

- S.N.A.P. Kişilik Tipine Dayanmaz
- Temel Düşünce Renkleri
- Yaptığımız Şeyi Neden ve Nasıl Düşünürüz
- Özgüvenin Etkisi: Büyük Altılı
- Özgüveni Güçlü mü, Yoksa Öyleymiş Gibi mi Davranıyor?
- Özgüven Detektörü
- Üç Tip Profili
- Profil Çıkarma Sanatı ve Bilimi: Gerçek Hayattan Örnekler

8. BÖLÜM

S.N.A.P. KİŞİLİK TİPİNE DAYANMAZ

"Kişilik kapıları açabilir ama sadece karakter onları açık tutabilir."

— Emler G. Letterman

Kişilik tiplemelerinin çok çeşitli uygulamaları vardır ama aynı zamanda sınırlamaları da söz konusudur. En iyi sistemle bile, insanları soktuğumuz sınıflamalar sık sık zaman kaybettirici, kafa karıştırıcı ve çelişkili olabilir. Örneğin, bir paradigmaya, saygın Myers-Briggs'e göre, bir kişi İçedönük, Sezgisel, Düşünen ve Yargılayan (kısaca İSDY) olarak sınıflandırılabilir. İşte bu tipin kısa bir açıklaması:

> İSDY iyi niyetle hizmet eder ya da hiç etmez. Diğer daha küçük fonksiyonlarda olduğu gibi, bağlam, miktar veya derece açısından sadece kabaca bir farkındalığı vardır. Dolayısıyla, İSDY'ler detaylarla ilgilenmez ve hatta bazen onları hiç görmez. "Ben kararımı verdim, detaylarla zihnimi bulandırma," diyebilirler. Dışadönük tutumu, bu tipin duyusal algılamalarında da belirgindir. Mantıksızca bir şeylere dalmak, muhtemelen daha alt seviyedekine karşı bilinçaltından gelen bir intikam ifadesi olabilir.

AKLINDAKİNİ OKUYABİLİRİM!

Kişilik tipleri son derece etkili bir araç olabilir ve konuştuğunuz kişinin detay odaklı olduğu gibi belli sonuçlar çıkarabilirsiniz. Ama en iyi şartlar altında bile, karşınızdaki işin belli bir durumda ne düşündüğünü tahmin edemezsiniz. Kişiliğimiz temelde dünyayla aramızda bir arayüzdür. Ama hem kişi hem de dünya sürekli olarak bir değişim içinde olduğundan, kişilik tiplerini kullanarak sürekli bir doğru okuma elde etmek zor olabilir. Örneğin, farklı ortamlarda, aynı kişi değişen kişilikler sergileyebilir. İş yerinde, motivasyonlu ve talepkar olabilir; arkadaşlarıyla yemek yerken rahat ve konuksever olabilir; ailesinin yanındayken çıldırabilir. Şartlar, bir kişinin farklı yönlerini ortaya çıkarır. Bu arada benlik bütünleşmediğinde ve her kişilik yönü kendine ait bir yaşam geliştirdiğinde, kişilik bölünmesi ortaya çıkar.

Aynı kişi, aynı şartlar altında bile farklı zamanlarda farklı davranabilir, çünkü tutumu ve davranışı ruh haline veya mevcut zihin durumuna dayanır ki bu da kişiliğe bağlı olmaksızın sürekli değişir.

Kendi hayatlarımızdan bildiğimiz gibi, ruh halindeki bir değişim, mevcut durumu ve kendimizi görüş şeklimizi ve hislerimizi belirgin şekilde değiştirebilir. Örneğin, sağ duyu (araştırmalarla desteklenmiştir) depresif ruh halindeki kişilerin sosyal paylaşımlara ve sohbete pek fazla ilgi göstermediğini ortaya koyar. (Ama ilginç bir şekilde, olumlu ruh hali içindeki kişi, olumsuz durumdaki bir kişiye oranla daha az risk alma eğilimindedir, çünkü kayıplara karşı daha duyarlıdır.) Örneğin, kötü ruh hali içindeki "A Tipi" dışadönük kişi, bir partide içedönük biri gibi davranabilir.

Başka bir detay ise, içinde bulunduğumuz durumun tutumumuzu ve karar verme sürecimizi etkileyebileceğidir. Yukarıdaki senaryoyla devam edersek, daha sonra iyi ruh hali içinde olabilir ve Bay X ile tanışmak isteyebilir. Ama çok güçlü ve ısrarcı bir yaklaşımın Bay X'i uzaklaştıracağını bildiğinden, davranışını değiştirebilir.

İnsan doğasının değişmez, evrensel ve güçlü etkenlerinin kişiliği *yönlendirdiğini* biliyoruz. S.N.A.P., bize her zaman için ve her türlü şartlar altında o kişinin düşüncelerini ve duygularını doğru tahlil edebilmemiz için bu etkenlerin bileşimini kullanır.

9. BÖLÜM

TEMEL DÜŞÜNCE RENKLERİ

"Keşif, herkesin görmüş olduğu şeyi görmek ve herkesin düşünmüş olduğu şeyi düşünmek demektir."
— Albert von Szent-Gyorgyi (1893-1986)

Şimdi gerçekten inanılmaz bir şey görüyoruz. Önceki bölümler, temel profil oluşturma ve durum değerlendirmesi için, kişinin farklı yönlerini ele almayı öğretmişti. Bu görüş, bir pazarlık sırasında karşımızdaki kişinin kendine güvenip güvenmediğini görmek veya biriyle çıktığımızda karşımızdakinin bizimle ilgilenip ilgilenmediğini anlamak için yararlı olacaktır. Bu noktadan itibaren, karşımızdakini daha bütün bir şekilde anlamak için bütünsel bir yaklaşımı benimseyeceğiz.

Bu sistem, bir kişinin nasıl ve neden belli bir şekilde düşündüğünü anlamanıza ve belli bir durumda ne yapacağını daha iyi tahmin etmenize yardımcı olacaktır. İnsan doğası, adına "düşünce" dediğimiz programı çalıştıran parçadır; girişi ve çıkışı vardır. Girilen komuta bağlı olarak, her seferinde aynı şeyi yapar. Oldukça ender olmasına rağmen, komutların ardında yatan psikolojiyi anladığınızda, bunun bir denklem olduğunu göreceksiniz.

Birinin ne düşündüğünü kolayca söyleyebilirsiniz, çünkü gerçekte düşünmüyordur. Gerçek yaratıcı dü-

AKLINDAKİNİ OKUYABİLİRİM!

şüncenin dışında, insanlar aslında neyi ve nasıl gördükleri konusunda sonuçlar çıkarmaya zorlanırlar. Düşünce olarak kabul edilen şey, genellikle aslında duygusal olarak önceden programlanmış tercihlere dayalı tepkilerdir. (Burada mantıklı bir karar vermekten söz etmiyoruz; mantıklı karar verme sürecinde duygular dikkate alınır, özgür iradeli bir tercih devam eder ve aynı "girdi" sonucunda iki kişi bir duruma farklı şekillerde tepki verebilir.)

İstatistiki olarak, rasgele cinsel ilişki kuran veya fahişelik yapan bir kadın, muhtemelen genç kızlığında veya genç yetişkinlik döneminde bir tür cinsel tacize uğramıştır. Aslında, araştırmalara göre, ergenlik çağındaki fahişelerin yüzde 75'inden fazlası, cinsel tacize uğramıştır.

Peki, burada olan şey nedir? Uzlaşmak ve başına gelenlerden bir anlam çıkarmak için, bilinçaltından gelen bir dürtüyle olsa da, olayın önemini azaltmaya zorlanır. Cinsel ilişkinin kutsallığını ve değerini azaltarak, başına gelenleri daha önemsiz göstermeye çalışır. Basitçe ifade etmek gerekirse, zarar verilen veya ondan alınan şeyin değeri azaltılmıştır.

Aksi takdirde, çok daha travmatik bir şeyle uzlaşmak zorunda kalır. Bu sorunun yarattığı duygusal acıyı azaltmak için, kendine zarar veren bir yaşam tarzı sürdürür. Cinsel eylemleri küçümsemek, önemsiz bir noktaya getirmek, bunun aslında önemli olmadığı yönündeki inancını güçlendirir.

Dolayısıyla, hızlı bir gözlemle bir taciz kurbanı olduğunu anlayabilirseniz, erkekler, cinsellik ve kendisiyle ilgili düşüncelerini kendisinden daha iyi bilebilirsiniz. Buna ek olarak, bunu kişiliğine değil, insan doğasına dayanan bir şekilde öğrenirsiniz. Başka bir örneği düşünün. Yepyeni ve çok pahalı bir takım elbise giyiyorsunuz. Bir arkadaşınızla konuşurken, size bunun şimdiye dek gördüğü en muhteşem, en iyi dikişli takım elbise olduğunu söylüyor. Bu kişinin kaliteden anladığını düşünüyorsunuz ve basitçe teşekkür ediyor veya giysinin fiyatını açıklıyorsunuz. Ama fiyatı öğrendiğinde size çok fazla para ödediğinizi düşündüğünü söylüyor ve bu kez de kalite hakkında hiçbir şey bilmediğini düşünüyorsunuz. Dahası, ona el işçiliğinin pahalı olduğunu, yıllar boyunca giysinin biçimini koruyacağını ve kolay kolay eskimeyeceğini söylüyorsunuz.

Tutumunuzdaki ve tepkinizdeki farklılık, önceden programlanmıştır. Kişinin egosuna seslenildiğinde, psikolojik açıdan bir tehdit algılar ve düşünceleri "savunma" kipine geçer. Doğanın uygulanabilir gücü, Amerikalıların yaygın zaman geçirme biçimi olan kumarla açıkça gösterilebilir.

AKLINDAKİNİ OKUYABİLİRİM!

> **TÜYO**
> Neredeyse daima, insan doğasının belirgin güçlerine dayanan tutum ve düşüncelere "zorlanırız." İnsan motivasyonu konusunda kendi tarzında bir uzman olan Robert Anton Wilson'ın yaptığı bir röportajda, Dr. Ernest Dichter'e reklamcılıkta psikolojiyi kullanma şekli sorulmuştu. Şöyle demişti: "Kimse fethedilemez değildir. İnsan davranışlarının yüzde doksan dokuzu mantıksızdır. Benim tek başıma aldığım işe yaramaz şeylerin miktarı, ailemin aldıklarının toplamından fazladır."

Kumarhaneler, yirmi-bir ve makineler gibi bazı oyunlarda yüzde ikilik bir oranla para kazanır; bazı örneklerde, bu oran yüzde 1.17'ye kadar düşebilir. O halde, tipik bir günde, kumar oynayanların yüzde 85'inden fazlasının kaybettiğini söylemek doğru değil mi?

Borsaya bakın. İki yönden birine doğru hareket edebilir: Yukarı veya aşağı. Geleneksel mantık, kazanmak veya kaybetmek konusunda yarı yarıya şansınız olduğunu söyler. Ama istatistiki olarak, her gün borsada oynayan insanların kabaca yüzde 77 ila 95'i zaman içinde kaybedecektir. Neden mi? Olasılıklar yüzünden değil, insan doğası yüzünden. Burada yatan psikolojiyi iki temel oyun tarzıyla ele alalım:

1. Kumarbaz: Kovalayan

İşte tipik bir senaryo: Kişi 10 dolar bahis yatırıyor ve kaybediyor; sonra 10 dolar daha yatırıyor ve kaybediyor. Sonra, 20 dolar yatırıyor ve kaybediyor; sonra 30 dolar yatırıyor ve kaybediyor. Durumu kötüleştikçe bahsi artırıyor. Kumarbaz, parasını riske atıyor; kaybettiği kadarını yatırarak, tek bir elde hepsini geri kazanmayı umuyor. Kişinin egosu işe karıştığında, kovalama eğilimi artar.

2. Kumarbaz: Kovalanan

İşte bu zihniyet için tipik bir senaryo: Kişi 10 dolar yatırıyor ve kaybediyor; 10 dolar daha yatırıyor ve yine kaybediyor. Bir süre sonra, bahsi 5 dolara çekiyor. İyi bir plan mı? Muhtemelen hayır. Eğer kazanırsa, daha fazla yatırmış olması gerektiğini düşünecek ve kaybederse, yine kaybedecek. Kaybetmek kısmen hoşuna gidiyor, çünkü ancak kaybettiği için bahsi düşürmesini haklı çıkarabilir! Yine, egosu işe karışıyor.

İşin ilginç yanı, LE-D profili olan insanlar (ne anlama geldiğini 14. Bölüm'de inceleyeceğiz) muhtemelen ikinci davranışı ("kovalanan") seçerken, LE-A profili olan insanlar genellikle birinci davranışı ("kovalayan") seçiyorlar. Yüksek özgüveni olan kişi ikisini de yapabilir ama yargı becerisini daha iyi kullanır ve daha tarafsız davranır.

AKLINDAKİNİ OKUYABİLİRİM!

> **TÜYO**
>
> Geçici sonuçları olan durumlarda, kişinin davranışları öz-imajını ego yoluyla yeniden ve aniden biçimlendiren bir önermeyle kontrol edilebilir. Örneğin, bir iş arkadaşınızın bir dilekçeyi imzalamasını istiyorsunuz. Şöyle diyebilirsiniz: "Biliyor musun, Gary, senin hep iyi bir fikri veya davayı destekleyen biri olduğuna inandım." Gary bu nazik sözlerinize teşekkür ettiğinde, bilinçaltından gelen bir dürtüyle kendini dilekçeyi imzalamaya mahkum eder ve böylece birkaç dakika sonra bunu yapmasını isteyebilirsiniz.

Ego mantıksızdır ama mantıksız olan tahmin edilemez değildir. Hangi unsurların işe karıştığını bilirseniz, kişinin size ve duruma karşı duygularını ve tutumlarını da bilebilirsiniz. Peki, unsurlar nelerdir? Bir bakalım:

Temel Renkler

Üç temel renkten – kırmızı, mavi ve sarı – milyonlarca farklı renk ve ton elde edebilirsiniz. Örneğin, mavi ve kırmızı karıştığında mor, sarı ve kırmızı karıştığında turuncu, sarı ve mavi karıştığında yeşil elde edersiniz.

Benzer şekilde, zihnin temel renklerini anladığınızda, bilmeniz gereken tek şey, belli bir durumda bir kişinin düşünce "tonunu" anlamak için hangi "renkten" ne kadar bulunduğudur. Resimde, diğer birçok şeyin yanı sıra, sıcaklık, renk doygunluğu ve fırça tipi de boya formülünü belli belirsiz şekillerde değiştirebilir. Dolayısıyla, düşüncelerimizi etkileyen ikincil derece unsurlar vardır ve bunları da birazdan göreceğiz. Aşağıda kısa bir açıklama ve unsurların düşüncelerimizi nasıl etkilediği konusunda daha derin bir analiz bulacaksınız:

Üç Temel ve Dört İkinci Unsur

Özgüven: Kişinin kendini sevme ve mutluluğu hak ettiğine inanma derecesi.

Güven veya Kendine Yetme: Kişinin belli bir durumda kendini yetkin ve etkili hissetme derecesi.

İlgi Seviyesi: Risk altında olan şey veya kişinin durumu veya sohbeti umursama derecesi.

Değişen derecelerle düşünce ve karar verme sürecini etkileyen diğer psikolojik değişkenleri de inceleyeceğiz: Çaba, haklı çıkarma, inançlar ve ruh hali.

Çaba: Amaca ulaşmak için ne kadar çalışma, duygusal, fiziksel, finansal vs. yatırım gereklidir?

Haklı Çıkarma ve Rasyonelleştirme: Önceki davranışından anlam çıkarmak için, kişi gerçekle pek ya da

AKLINDAKİNİ OKUYABİLİRİM!

hiç uyuşmayan bir benlik ve dünya imajı oluşturur; sonra da bu imajı sürdürmeye çalışır.

İnançlar: Gerçeklerle örtüşsün ya da örtüşmesin, kişinin doğru olduğuna inandığı her şey.

Ruh Hali: Kişinin şartlarla ilgili olarak mevcut zihin durumu.

Şimdi, kişinin neden belli bir şekilde davrandığını anlamak için formülün ardında yatan psikolojiyi inceleyeceğiz. Bu anlayış sayesinde, bir kişinin ne düşündüğünü ve herhangi bir yeni durum veya şarta nasıl tepki vereceğini daha iyi anlayabilirsiniz.

10. BÖLÜM

YAPTIĞIMIZ ŞEYİ NEDEN VE NASIL DÜŞÜNÜRÜZ?

"İnsanın düşünme zahmetinden kurtulmak için yapmayacağı şey yoktur."
— Thomas A. Edison (1847-1931)

Özgüven tam anlamıyla öz-sevgi demektir ve kişinin kendisinden ne kadar hoşlandığını ifade eder. Göreceğimiz gibi, özgüven en önemli temel renktir, çünkü gerçek dünyanın ne kadar içeri girdiğini ve egomuz sayesinde gerçek dünyayı ne kadar çarpıttığımızı belirleyen filtredir. Sonraki birkaç bölümde, aşırı öneminden dolayı psikolojiyi derinlemesine inceleyeceğiz.

Bu bölümdeki sistemin tekniklerle pek ilgisi yoktur; bir kişinin psikolojisinin temel parçalarını anlamakla ilgilidir. Şablonu bir kez anladığınızda, bilgiyi kendi seçeceğiniz herhangi bir durumda kullanabilirsiniz.

Özgüven ve Ego

7. Bölüm'de, özgüven kazanma şeklimizi ve bunun bakış açımızı nasıl renklendirdiğini görmüştük. Kısaca, kolay olanı yapma dürtümüzü aşabildiğimizde ve doğru olanı yapabildiğimizde, kendimizi iyi hissederiz. Dolayısıyla, özgüven ve özsaygı kazanırız.

AKLINDAKİNİ OKUYABİLİRİM!

Ego ve özgüven genel olarak terstir. Özgüven ne kadar güçlüyse, ego da o kadar küçüktür. Gerçekliği daha net şekilde görürüz, çünkü ego bakış açımızı bozar. Dolayısıyla, karşımızdakinin egosunun ne kadar güçlü olduğunu bilirsek, neyi görmeye zorlandığını da kolayca anlayabiliriz.

Bakış Açısının Gücü

"Ego" kelimesi, belirsiz bir terk etmeyi çağrıştırır. Kısaca, öz-imajımızı inançlarımız, değerlerimiz ve davranışlarımızla birleştiren zamktır. Kendi iyiliğimize olsun ya da olmasın, istikrar ve süreklilik gerektirir. Aksi takdirde, mantıklı bilgiye dayanarak davranışımızı değiştirirdik. Kendimizi daha iyi hissetmek için egzersiz yapıp sağlıklı beslenir, haklı olduğumuzda bile özür diler veya sürekli bir hatamızı bulan birine yaptığımız büyük bir hatayı itiraf ederdik. Bizi durduran şey egodur. Dolayısıyla, birinin egosunun ne kadar güçlü olduğunu bilmek, düşünce tarzını anlamak açısından çok önemlidir.

Ego dünya görüşümüzü filtreler, ziyanı dışarıda tutar veya hatta kendimizi görme şeklimizi ve başkalarının bizi görmesini istediğimiz şekli belirler. Dünyamızı renklendiren egodur; böylece lekesiz kalabiliriz. Daha önce bazı örnekler görmüştük: Herkesle cinsel ilişkiye giren kızı ve pahalı takım elbiseyi hatırlıyor musunuz? Şimdi, insan doğasının bu yönünün ardında yatan psikolojik mekaniklere bir bakalım.

Bill 500 dolarlık bir saat satın alıyor. Bir dergiyi karıştırırken, aynı saatin 300 dolarlık reklamını görüyor ve duygusal bir kargaşa yaşıyor. Kendini akıllı biri gibi görmek istiyor ama reklam, tam aksinin kanıtını gösteriyor. Ya aldatılarak fazla para ödedi ya da reklam göründüğü gibi değil.

Düşünce sürecini Bill'in özgüven seviyesi belirler. Özgüveni güçlüyse, reklamı gördüğünde sayfayı hemen çevirmez. Okur ve doğru olduğuna inanırsa, bir hata yaptığına karar verir. Ama özgüveni zayıfsa, Bill bütün dünyanın çürümüş olduğunu ve kimseye adil davranılmadığını söyleyen inanç sistemine döner; üstelik kendisi kadar sağduyulu birine bile! Bu durumda, egosuna gelen zararı azaltmaya veya yansıtmaya çalışır. Bilinçli zihni sevimsiz bir gerçeği kabul etmeye zorlanmadan önce değerlerini yeniden yapılandırır ve çabucak karar vererek, zamanın paradan daha önemli olduğunu, üzerinde durmaya değmeyeceğini düşünür.

Kişinin özgüveni zayıfsa, kendine bakmaz. Duygusal açıdan yanılmaya veya kendini daha yetersiz görmeyi ya da dünyanın kendisini daha yetersiz görmesini istemez. Bu yüzden, kim olduğunu değiştirmek yerine, dünya görüşünü değiştirir ve duygusal açıdan kolay tutuşan başında bir saç telinin bile zarar görmesine izin vermeden kargaşayı yatıştırır. "Ben kötüyüm, ben haksızım" düşüncesinin yerine "dünya adil değil," "o haksız" veya "insanlar kötülüğümü istiyor" düşünceleri gelir.

Aşırı durumlarda, kişi bir türlü gerçekliği kavrayamıyorsa, bilinçli bir şekilde suçluluk ve merhamet duyamıyorsa, bakış açısını bilinçsiz olarak değiştirmeye

AKLINDAKİNİ OKUYABİLİRİM!

çalışır. Örneğin, karısını aldatan bir erkek, davranışını haklı çıkarmak zorundadır. Karısıyla ve evliliğiyle ilgili inançlarını yeniden biçimlendirerek dünyayı yeterince çarpıtamazsa ya da davranışlarını haklı çıkarmak için değerlerini yeniden belirleyemezse, gerçekliği çarpıtacaktır. Bu çarpıtma, karısının yanlışlarını görme eğilimi doğuracak ve davranışını haklı çıkarmak için türlü bahaneler üretmesine neden olacaktır.

TÜYO

Tanınmış bir suç savunma avukatı, bir defasında en zor işinin müvekkilini bir şeyi yanlış yaptığına ikna etmek olduğunu söylemişti. Kendini akışa kaptırmak ve her adımı haklı çıkarmak kolaydır. Farkına bile varmadan, yanlış yönde büyük bir mesafe almış olursunuz. Çoğu insan, soygunun, cinayetin ve başkalarına zarar vermenin yanlış olduğunu bilir. Ama muhasebe alanında, örneğin, somut kurbanlar olmadığında ve kişi "geçerli mantıklarla" silahlandığında, davranışlarının etkilerine karşı kör olabilir.

Yolu Tahmin Etmek

Dolayısıyla, özgüveni güçlü birinin, bilgiyi daha net değerlendireceğini ve özgüveni zayıf birinin en az dirençle karşılaşacağı şekilde düşünce sistemini büktüğünü açıkça gördük.

Uyumsuzluk, kişiyi tutarsızlıklarla uyuşmaya ve acıyı azaltmaya zorlar. Örneğin, özgüveni zayıf bir kişi, genellikle bir hata yapmış olduğunu kendine itiraf edemez. *Haklı olmak, doğru olanı yapmaktan* daha önemli bir duygusal öncelik haline gelir.

Kişinin doğal dürtüsü, psikolojik benliğini korumaktır ve bunu fiziksel benliğini koruduğu gibi yapar. Vücudunuzun zarar görmesini engellemek için nasıl çok uğraşırsanız, öz-imajınızı korumak için de o kadar uğraşırsınız. Fiziksel benliğiniz tehdit altında olduğunda, "savaş ya da kaç" tepkisine yönelirsiniz. Aynı şekilde, psikolojik benliğiniz tehdit altında olduğunda, zihin "kabul et veya yansıt" tepkisi verir. Öz-imaj sağlıklı ve güçlü olduğunda, benliğe gelen tehdit genellikle kabul edilir ve onunla yüzleşilir. Ama öz-imaj zayıf olduğunda, ego dünyayı çarpıtarak kendini korumaya ve incinmeyi önlemeye çalışır. Gerçekliği kabul ettiğini bilirseniz, karşınızdaki kişinin gördüklerinin ne kadar doğru olduğunu da ölçebilirsiniz.

Bir kişinin özgüven seviyesi, düşünce sürecini ölçmek açısından bu kadar önemliyse, milyon dolarlık soru şudur: Bir kişinin kendini ne kadar "sevdiğini" nasıl anlayabilirsiniz?

Öncelikle, özgüvenin diğer renkleri nasıl etkilediğine kısaca bir bakacağız (bu da bize kişinin özgüvenini ölçmek için yollar sunar). Sonra, kişinin gerçekte kendiyle ilgili neler hissettiğini belirleyen, kolayca uygulanabilen ve gözlemlenebilen, onunla sohbet etmeyi bile gerektirmeyen bir yöntemi öğreneceğiz.

11. BÖLÜM

ÖZGÜVENİN ETKİSİ: BÜYÜK ALTILI

"Egoistlerle ilgili en güzel şey, başkaları hakkında konuşmamalarıdır."

— Lucille S. Harpern

Özgüven, fazladan dört değişkene ek olarak diğer iki rengi de etkiler. Düşünce ve eylemi belirleyen en etkili unsur odur. Özgüven seviyeleri yüzde 100 olan iki kişi, neredeyse daima aynı kararı verecek, doğru olduğuna inandıkları şeyi yapacaklardır (doğru olduğuna inandıkları şey değişebilir ama sandığınız kadar da çeşitlilik göstermez).

Deneyimlediğimiz her şey bizi biçimlendirir; bunu yaparken ya özgüvenimizi güçlendirir ya da zayıflatır. Karışıma yeni renkler kattıkça, özgüvenin bir kişinin düşünme ve karar verme süreçlerindeki pratik, gerçek dünya etkilerini görürüz. Şimdi, altı alandaki etkilerine bakacağız: İlgi, güven, çaba, inanç, yargı ve ruh hali tipleri.

1. Etken: İlgi Tipi

Aşırı kilolu, diyabet hastası bir kadın, akşam yemeğinde çikolatalı pasta yememesi gerektiğini bilir ama yine de yer. Elbette ki bu onun yararına değildir ama

AKLINDAKİNİ OKUYABİLİRİM!

özgüveni zayıf olduğu için, ilgisi değişir. Kanepede uzanıp peynirli kraker yemek kesinlikle keyiflidir ama çoğu insan bütün gününü bunu yaparak geçirmez. Farklı türde ilgi alanlarına yönelten ve bu ilgi alanlarını belirleyen şey, kişinin özgüven seviyesidir. Özgüven zayıf olduğunda, ilgi tipi şimdiye kayar: Kişi, ihtiyaçlarına odaklanan ve hızlı tatmin sağlayan şeylere yönelir; ego veya fiziksel arzular olması fark etmez.

Özgüveni zayıf olan kişi, duygusal açıdan olgun değildir ve uzun vadede iyiliğini tehlikeye atarak genellikle şimdiye ve buraya odaklanır. Bencilce bir nedeni olmadığı sürece, başka birinin tatminiyle ilgilenmez.

Özgüven güçlendiğinde, ilgi seviyesi uzun vadeli tatminlere yönelir. Kendisine uzun vadede yarar sağlayan şeylerden daha fazla zevk alır ve bunun için anlık zevklerinden vazgeçebilir.

Aşağıdaki tablo, psikolog Abraham Maslow'un İhtiyaç Hiyerarşisi dediği şemayı sunmaktadır. En altta, hayatta kalmak için gereken en temel zorunluluklar vardır. Her ihtiyaç karşılandıkça, daha büyük duygusal tatmin ararız.

Genel olarak konuşmak gerekirse, en üstte en esnek, en dürüst ve en açık kişi yer alır. Bu kişi, daha yüksek bir entelektüel bütünlükle hareket eder. Piramitte aşağı doğru indikçe, duygular karar verme sürecinde daha güçlü bir rol oynar. Giderek artan bir şekilde, kişinin ihtiyaçları odak noktası olur ve kişisel odağı dışarıdan içeri kayar. Egosu büyüdükçe bakış açısı daralır ve doğru olanı yapmaktan kaçınmak pahasına kendi arzularını tatmin etmeye çalışır.

Tek hücreli canlılar gibi, acıdan kaçarak zevke yöneliriz. Ama zevkle acıyı bağdaştırdığımız şeyler, kişiden kişiye değişir.

İnsanlar zevk tutkunudurlar. Doğası gereği, zevk anlamla bağlantılıdır. Dolayısıyla, doğru olanı yaptığımızda – ve geçici tatminin üzerinde bir anlam aradığımızda – zevk alırız; bunu yapmadığımızda, bunalıma girer, endişe duyar ve ilişkilerimize zarar veririz.

Bizi doğru yönde ilerlemekten alıkoyan şey, zevk/acı mekanizmasıdır. Özgür iradenin var olabilmesi için, illüzyonun da – ego tarafından güçlendirilmiş olarak – gerçeklik kadar çekici olması gerekir. Bildiğimiz gibi, kişinin

AKLINDAKİNİ OKUYABİLİRİM!

egosu ne kadar küçükse, gerçekliği o kadar net görür. Dolayısıyla, kendi yararına olan, daha anlamlı ve zevkli şeyleri daha net görebildiği için, daha sağlıklı tercihler yapar. Zayıf özgüven, kişinin egosunun ve bedeninin arzularını tatmin etmesine neden olan dürtünün ardında yatan güçtür. Zevki arayan yaratıklar olduğumuzdan, anlam bağlantısıyla gerçekte bunu elde edemediğimizde, geçici heveslerle zevki ararız. Genellikle yaptığımız şeye inandırarak kendimizi aldatır, böylece hâlâ eğlenceli ama ilgisiz olanı aramaya devam ederiz. Saçmalığa anlam yükler, kendimize ve başkalarına yaptığımız şeyin önemli olduğunu söyler, bu arada derinlerde sadece kendi eylemlerimizin devamlılığını haklı çıkarmaya çalıştığımızı biliriz.

Örneğin, biri size harika bir iş ayarlamak için bağlantılarını kullansa, kendinizi nasıl hissedersiniz? Muhtemelen çok iyi hissedersiniz. Bir işte otuz yıl çalıştıktan sonra her şeyin sahte olduğunu anlasanız kendinizi nasıl hissedersiniz; bastığınız düğmelerin hiçbir makineyi yönetmediğini ve telefonunuza cevap verenlerin sadece aktörler olduğunu anlasanız? Dahası, inanılmaz başarılar kazandığınız "işinizin" sahte olduğunu anlarsanız? Çoğu insan böyle bir durumda yıkılır; peki ama neden? Cevabı basit: İşiniz gerçek ve anlamlı değildi, dolayısıyla da zevkli olamazdı.

Hayata ne kadar bağlanırsanız, deneyimleriniz o kadar anlamlı ve zevkli olur. Geçici rahatlıklara ne kadar çekilir veya egonuzun yönlendirdiği illüzyonları ne kadar kovalarsanız, hayat o kadar keyifsiz hale gelir. Bu durumda, bazen üretken olduğunuzu hissedersiniz ama derinlerde, peşinde koştuğunuz şeylerin anlamsız olduğunu bilirsiniz. Ne kadar çaba harcasanız da, tatmin uçucudur, çünkü nihai amaç anlamlı değildir. Rahat olmak ve eğlenmek yetmez; ruhumuz sadece daha fazlasını yapmamız için değil, daha fazlası olmamız için bizi kemirir. Bir kişinin özgüveninin zayıf veya güçlü olduğunu, neyle ilgileneceğini ve muhtemelen nelerin peşinde koşacağını bilmenin ne kadar önemli olduğunu açıkça görüyoruz. Şimdi, özgüvenin etkilediği diğer etkenleri kısaca inceleyelim.

2. Etken: Güven

Özgüveni güçlü olan insanlar, özellikle yeni durumlarda etkili şekilde düşünme ve hareket etme becerilerine daha çok güvenirler. Zorlu değişikliklerle karşılaştıklarında kolayca azmedebilirler ve hata olasılığı yüzünden kendilerini tüketmezler. Unutmayın, bir kişinin özgüveni ne kadar zayıfsa, egosu o kadar büyük olur ve başkalarının kendisi hakkındaki düşünceleriyle o kadar çok ilgilenir.

3. Etken: Çaba

Bir kişi bir şey yapmak ister ama çabaya değmeyecekse, harekete geçmez; burada şaşırtıcı olan bir şey yok. Ama işin ilginç yanı, gereken çaba sadece eyleme geçme kararımızı etkilemekle kalmaz, aynı zamanda

AKLINDAKİNİ OKUYABİLİRİM!

durumla ilgili düşüncelerimizi ve duygularımızı da değiştirir. Neden?

Arkadaşına yardım etmesi gerektiğini bilen ama bunu yapmak istemeyen birini düşünün. Yardım etmemesini haklı çıkarmak için, arkadaşının aslında yardıma ihtiyacı olmadığını düşünebilir. "Zaten iyi bir arkadaş değil" veya "çok çalıştığım için dinlenmeyi hak ediyorum" diye düşünerek, tutumunu daha da haklı çıkarmaya çalışır. Dolayısıyla, bir sonraki davranışının yanı sıra, düşünce tarzını da görebilmek için, nasıl nicelendirdiğimize bağlı olmaksızın, çaba derecesini de denkleme katmak zorundayız.

Buna ek olarak, gereken acı veya çaba, sadece özgüven seviyesiyle ölçülebilir. Özgüven ne kadar güçlüyse, algılanan çaba o kadar az olacaktır. Hissettiğimiz acı, özgüvenle ters bağlantıdadır.

Örneğin, sevdiğimiz biri için normal olarak neredeyse her şeyi yaparız. Ama o kişi tarafından takdir edilmediğimizi hissettiğimizde veya ona öfke duyduğumuzda, en küçük çaba bile acı verir. Sonuçta çaba çabadır ve zorlayıcıdır. Tepki bize geri döner. Özgüveni güçlü olan insanlar, özgüveni zayıf olanların aksine, doğru olanı yaparken acı veya çaba hissetmezler.

Kendimizi sevdiğimizde, uzun vadeli tatminimize azami çabayla ve asgari acıyla yatırım yapabiliriz. Çok miktarda enerji harcasak bile, özgüven bize sınırsız bir enerji ve ilham kaynağı sunar.

Özetle; bir kişinin özgüveni ne kadar güçlüyse, kendisine, hayatına ve doğru olanı yapmaya o kadar çok çaba harcamaya istekli olacaktır.

4. Etken: Değerler ve İnançlar

Hoşlandığınız ve sizden hoşlanan biriyle çıkıyorsanız ama bütün kadınların sizi kıracağına inanıyorsanız, ona karşı ilgi seviyeniz, harekete geçme isteğinizle çelişir. Bunun diğer bir örneği şu olabilir: Bir yalan detektörü testinin çalışmadığına inanıyorsanız, o zaman sizin için çalışmayacaktır. Test çalışmadığı için değil, inancınıza dayandığı için çalışmayacaktır: Yalan söylerseniz, makine bunu bilmeyecektir. Dolayısıyla korku olmaz ve makine de bunu ölçemez.

Sağlıksız veya sahte inançlar, bizi korumak için oluşturulur ve sınırlamalarımıza dayanır. Neredeyse yaptığımız veya inandığımız her şey, dünyaya ve kendimize hareketlerimizi haklı göstermek içindir. Yanlış veya zararlı bir inanca tutunmamız gerektiğini düşünmezsek, gitmesine izin verebiliriz. Özgüven bize duygusal yakıt ve bırakma gücü sağlar.

Sığ değerler de yine zayıf özgüvenden kaynaklanır. Kendi isteklerimizin ve ihtiyaçlarımızın ötesine geçemediğimizde, değerlerimizi kendini beğenmişliğimizle uydururuz. Bilinç çıtamızı yükseltmek yerine düşürürüz.

5. Etken: Haklı Çıkarma ve Rasyonelleştirme

Suçluluk duygusunu azaltmak için, önceki davranışımızdan mantık çıkarmamız gerekir. Kendimizi genel

AKLINDAKİNİ OKUYABİLİRİM!

olarak daha iyi hissetmek veya bize yapılanları hoş karşılamak için, doğru olanla değil, doğru olmasına ihtiyaç duyduğumuzla tutarlı olan bir dünya ve benlik görüşü yaratırız.

> **TÜYO**
> Araştırmalar, ödül ve davranış arasında ilginç bir ilişki olduğunu göstermektedir. Böyle bir araştırmaya göre, bir işi yapmaları için 100 dolar ödenen kişiler, aynı şartlar altında aynı işi yapmaları için 25 dolar ödenen kişilere kıyasla, işi daha zor ve stresli bulmuşlardı. Kişiye bir tazmin verildiğinde, genellikle işi daha zor ve daha zevksiz bulmakta, ödül büyüdükçe ilgi seviyesi düşmektedir (Freedman, 1992). Özgüveni güçlü olan bir kişi, entelektüel açıdan daha dürüst olacak ve düşünceleri gerçekliğe o kadar yakın kalacaktır.

Bir şey yapmayı seçtiğimizde, karşılığında bir şey almıyor veya bir şekilde tazmin edilmiyorsak, o işi farkında olmadan daha çok severiz. Yoksa neden yapalım ki? Bir hata yaptığımızı düşünmemeyi tercih ederiz. Kendimizi haklı çıkarmamız gerekir. Çoğunlukla bilinçsiz olan bu süreç, egoya seslenir. Bilgi sürecini çarpıtarak, önümüzde duran gerçekliği açıkça görmemizi veya düşünmemizi engeller. Başka bir örneği düşünün: Sonu olmayan bir işte çalışan ve üçüncü evliliğini yapmış olan bir alkolik, yardıma ihtiyacı olduğuna veya dünyanın adil olmadığına karar verir. Herhangi bir durumda düşüncelerini ve duygularını doğru okuyabilmek için dünyayı nasıl renklendirdiğini bilmemiz gerekir.

Belli durumlarda haklı çıkarmalarla da karşılaşırız. Biri büyük miktarda zaman, çaba, enerji veya para yatırmışsa, bakış açısı benzer şekilde çarpılır. Egosu, yürüyüp gitmesini zorlaştırır ve onu bir anlam çıkarmaya zorlar. Kişi bol miktarda zaman yatırmışsa, psikolojik bilinçsel uyumsuzluk fenomeni doğar ve kişi yatırımını "kaybetmek" istemez.

Bu insan eğilimi, özellikle araba satıcılarının "satış müdürüyle" konuşurken sizi o kadar uzun süre bekletmesinin en önemli nedenidir. Beklerken ne kadar zaman harcarsanız, yürüyüp gitmeniz o kadar zorlaşır. Aynısı, biriyle çıktığınızda da geçerlidir. Bir ilişkiye uzun zamanını harcamış olan bir kişi, muhtemelen o ilişkiyi bitirmekte zorlanacaktır. Özgüvenin, durumu değerlendirmek konusunda en önemli içerik olduğunu lütfen anlayın. Özgüveni zayıf olan biri, zamanını ziyan ettiğine inanmazken, özgüveni güçlü olan biri bir durumu kabul edebilir, görebilir ve daha fazla anlamı olmadığında bırakıp gidebilir. Dolayısıyla, yatırılan zaman, harcanan enerji ve gösterilen çaba gibi bu etkenleri bilmek gerekliyken, bu duygusal gücün ağırlığını belirleyen etken olduğu için, özgüven çok daha etkilidir.

AKLINDAKİNİ OKUYABİLİRİM!

6. Etken: Ruh Hali

Ruh hali, özgüvenin gölgesidir; geçici olarak bizi yıkar ya da yükseltir ve dünyayla kendimizi görme şeklimizi renklendirir. Kişinin özgüveni ne kadar zayıfsa, ruh hali düşüncelerinde ve duygularında o kadar önem kazanır. Daha önce ifade ettiğimiz gibi, kişinin özgüveni çok zayıf olduğunda, kendisine odaklanır. Dolayısıyla, düşünceleri e eylemleri muhtemelen ruh haline dayanacaktır.

Zayıf özgüven büyük bir ego yarattığından, başkalarını etkileyen durumlar, duygusal açıdan daha sağlam olan biri için o kadar da önemli olmayabilir. Ama özgüven zayıf olduğunda, kişiyi etkileyen olaylar gerçekte olduğundan daha büyük görünür. Etrafındaki her şeyle ilgili varsayımları olur. Evrenin merkeziyken, kendisinden başka ne olabilir ki? dolayısıyla, ruh halinin karar verme sürecindeki ağırlığını belirleyen iki etken vardır: Özgüven ve olayların önemi. Birinin özgüveninin zayıf olduğunu ve durumun aslında o kadar da önemli olmadığını söylerken, ruh hali karar verme sürecinde güçlü bir etkendir.

Örneğin, kişi çöpü dışarı çıkaracak ruh halinde olmayabilir (önemsiz bir olay) ama üç hafta uzakta kaldıktan sonra eve dönerse ve nişanlısının ailesi ilk kez ziyarete geliyorsa, özgüveni hemen devreye girer. Bir kişi, büyük bir kavgadan sonra kardeşini arayacak ruh hali içinde olmayabilir ama kardeşin hastalanıp hastaneye kaldırıldığını öğrenirse, belirleyici etken özgüveni olacaktır. Ama bir şeyi daha ekleyelim: Özgüveni güçlü olan biri, zaten çöpü biriktirmez ve kardeşiyle ilişkisinde egosunun etkili olmasına izin vermez.

Daha önce değindiğimiz gibi, kişinin özgüveni güçlü olduğunda, doğru olanı yapma isteği o kadar fazla olur ve içinden gelip gelmemesinin bir önemi olmaz. Ama özgüven zayıf olduğunda, ruh hali düşünce sürecini etkilemeye başlar ve arkasından gelen hareketler durumun önemini belirler.

Ego etkili olduğunda, kendi acımızın ötesini kolayca görüp hissedemeyiz. Bu, diş ağrısı çeken birinin başkasının ihtiyaçlarına odaklanmakta zorlanması gibidir. Dişiniz zonklarken açlara, evsizlere ve zor durumdakilere merhamet etmeniz neredeyse imkansızdır.

Özgüveni ve kişinin tutumu, düşünceleri ve davranışları üzerindeki rolünü daha iyi anlamak, özgüveni güçlü insanları tanımlamayı ve genellikle karıştırıldıkları sahtelerinden ayırmayı öğrenmek açısından önemlidir.

12. BÖLÜM

ÖZGÜVENİ GÜÇLÜ MÜ, YOKSA ÖYLEYMİŞ GİBİ Mİ DAVRANIYOR? BEŞ TUZAK

"Melodik sesleri duyacak bir kulak geliştirirseniz, bu da egoyu geliştirmek gibidir. Melodik olmayan sesleri duymayı reddedersiniz ve bu da kendinizi çok çeşitli deneyimlerden mahrum etmek demektir."

— John Cage (1912-1992)

Göreceğimiz gibi, kişinin özgüven seviyesini değerlendirmek zor değildir ama neye dikkat edeceğinizi ve neyi görmezden geleceğinizi bilmezseniz, bir hayli aldatıcı olabilir. İşte, bu süreçte uzak durmanız gereken beş tuzak:

1. Tuzak: Egoya Karşı Özgüven

Büyük egosu olan birinin kendini sevdiği yanılgısına sakın düşmeyin. Öncelikle, özgüven ve egonun birbirine ters olduğunu hatırlamamız gerekir. Kişi kendiyle ne kadar mutlu gibi görünse de, büyük bir egosu varsa, mutlu değil, acınası haldedir. Bu ifade bir varsayım değil, insan doğasıdır; psikolojik matematiktir. Bu kanun o kadar yerleşiktir ki kişi kendini sevdiğini sansa bile, davranışı gerçek duygularını ele verir.

Özgüvenle ego arasındaki farkı anlamak zor olabilir. Örneğin, arabasının radyosunun sesini sonuna kadar açan birini düşünün. Acaba özgüveni zayıf ve ilgi çek-

AKLINDAKİNİ OKUYABİLİRİM!

meye mi çalışıyor, yoksa özgüveni güçlü ve başkalarının onun hakkında ne düşündükleriyle ilgilenmiyor mu? Peki, ya fiziksel görünüş? Daima iyi giyinen birinin özgüveni zayıf olabilir ve başkalarının onun güzel olduğunu, kendine baktığını düşündüğünü bilmeye ihtiyacı olabilir. Ya da özgüveni yüksektir ve görünüşü sadece öz-değerinin bir yansımasıdır. Buna karşılık, hırpani giyinen birinin özgüveni çok güçlü ve başkalarının ne düşündüğünü umursamıyor olabilir mi? Yoksa özgüveni görünüşüne dikkat etmesine gerek bırakmayacak kadar zayıf mı? Sorunu görüyorsunuz. Olay daha da aldatıcı hale gelebilir.

Örneğin, aşırı yiyen ve sağlığına dikkat etmeyen biri hakkında kendini sevmediğini söylemek kolaydır. Ama gerçekte başka bir şeyle ilgili kendini suçlu hissediyor olabilir veya çocukluğundan kalma yiyecekle ilgili sorunları sürebilir. Deneyimsiz bir gözlemci için, kişinin özgüveni zayıf olarak görüldüğünde aslında tam tersi doğru olabilir. Bir de tersini düşünün: Belki bir kişi hiç durmadan tıkınıyor ama hızlı bir metabolizması var. Bu kişinin görünüşü, aşırı yiyen biri olduğunu asla göstermeyebilir.

2. Tuzak: Güvene Karşı Özgüven

Özgüvenle güveni nasıl birbirinden ayırabilirsiniz? Daha önce belirttiğimiz gibi, kişi herhangi bir durumda kendinden emin olabilir ve güçlü özgüvenin tüm klasik işaretlerini sergileyebilir. Buna karşılık, kişinin aslında özgüveni güçlü olabilir ama bu örnekte çekingen, huzursuz ve tedirgin görünebilir. Özgüven ve güven arasındaki ayrımın soruna yol açabileceğini görüyoruz. Ama kişiyi doğru okumak için kesinlikle gereklidir.

3. Tuzak: Başarı Hikayesi

Özgüveni ölçmek için kişinin ne kadar başarılı olduğuna bakamayız, çünkü toplumun başarı fikri bizimkinden çok farklı olabilir.

Daha önce dediğimiz gibi, doğru olanı yapmayı seçmek – egodan ve bedensel dürtülerden arınmak – bize özsaygı kazandırır. Bu, hiçbir yerde insanın hayatının genelinde olduğu kadar belirgin değildir. Hayatta yapmak istediğini yapan, egoyla yönlendirilmeyen veya çabuk tatmin peşinde koşmayan bir kişi, etkili bir şekilde özgüven kazanır. Buna karşılık, istediğini yapmayan bir kişi, başarılı olsa bile veya istediğini yapıyor ama olması gerektiğini düşündüğü yerde değilse, özgüveni zayıf olacaktır.

Örneğin, büyük bir hukuk firmasının bir ortağı, sıradan birinin gözünde başarılı gibi görünebilir ama aslında uğraşmak istediği şey müzikse ve sadece babasını memnun etmek için hukuk okumuşsa, psikoloji kanunlarına göre, kararı korkuya dayalı olduğu için özgüveni güçlü olamaz. Buna karşılık, parası olmadığı halde sadece yazmak için yazmaktan keyif alan bir şair, başarılı olduğunu düşündüğü için güçlü bir özgüvene sahip olabilir. Sıra dışı şeyler yapan birinin morali bozuk ola-

AKLINDAKİNİ OKUYABİLİRİM!

bilir ve istediği başarı seviyesine ulaşamadığı için özgüveni zayıf kalabilir, çünkü amacının peşinde koşarken egoya dayalı nedenlerle hareket ediyor, başkalarının takdirlerini istiyor demektir.

4. Tuzak: Alçakgönüllü mü, Kapı Paspası mı?

Alçakgönüllülüğü zayıflıkla karıştırmak kolaydır; ama aslında bir güçtür. Kişi kendine odaklanmışsa, kibirli olur ve bu da alçakgönüllülüğün karşıtıdır. Kibirli bir kişi sadece alır. Duygusal açıdan bir enkaz halindedir ve başkalarının kırılgan egosunu beslemesine ihtiyacı vardır; kendi dürtülerinin kölesi olmuştur.

Kişi alçakgönüllü olduğunda, tatminkardır. Kendisini iyi hissettiren veya sadece kolay olan şeyler yerine, doğru olanı yapabilir. Alçakgönüllülük bize doğru olanı yapma fırsatı sunduğundan, içsel-kontrol duygusu da kazandırır. Bu, özgüvene ve duygusal özgürlüğe açılan kapıdır.

Burada sorun açıktır: Bir kişinin alçakgönüllü davranmasının, başkalarına iyilik yapmayı istemesinden değil, kendisini sevmelerine ihtiyaç duymasından kaynaklandığını nasıl anlarsınız? Belki kendini iyi hissettirdiği için değil, sadece hayır demekten veya kendini hissettirememekten çekindiği için bir şeyler veriyordur? Açıkçası, özgüveni güçlü ve alçakgönüllü olanlarla kendilerini kapı paspası yapanları birbirlerinden ayırabilmemiz gerekir.

5. Tuzak: Ruh Haline Karşı Özgüven

Daha önce öğrendiğimiz gibi, ruh halinin profil oluşturma konusunda ne kadar etkili olacağına özgüven karar verir. Dahası, ikisi arasında ayrım yapmak sorun olabilir, çünkü ruh hali özgüvene çok benzer. Belki kişinin ruh hali iyidir, ona uygun olarak davranıyordur ve kendisinden tamamen memnun biri gibi görünüyordur; dışadönük, eğlenceli, sıcak, düşünceli vs. Ama gerçekte sadece kısa süreyle bu kişiliğe bürünen, kendine odaklanmış bir narsist de olabilir. Sorunu görebiliyor musunuz?

İşte iyi haber: Bir sonraki bölümde, kişinin özgüveninin güçlü veya zayıf olduğuna sağlıklı şekilde karar vermek için sadece tek bir yöntem olduğunu göreceksiniz.

13. BÖLÜM

ÖZGÜVEN DETEKTÖRÜ: KİŞİNİN ÖZGÜVEN SEVİYESİNİ BELİRLEMEK

"Özgüven, kendi içimizde kazandığımız ündür."
— Dr. Nathaniel Branden

Birinin profilini oluşturmak ve size nelere dikkat etmeniz gerektiğini göstermek için, genel psikolojiyi kısaca ele aldık. Daha önce gördüğümüz tuzaklardan dolayı, sadece tek bir işareti kullanarak kişinin özgüveninin güçlü veya zayıf olduğuna karar vermek son derece zordur.

Kişi cömert olabilir ama kendinize sormanız gereken soru şudur: "Neden?" Bunu karşısındaki kişiden hoşlandığı için mi, yoksa kendisini sevmelerini istediği için mi yapıyor? sürekli olarak kendini geliştirmeye çalışmasının nedeni, kendi kimliğinden hoşlanması mı, yoksa güvensizlik duygusunu başarı duygusuyla mı tatmin etmeye çalışıyor?

Birinin özgüveninin güçlü olup olmadığını nasıl anlayabilirsiniz? *Bunu, kendine ve başkalarına davranışlarının bir yansıması olarak görürüz.* Özgüveni zayıf olan bir kişi, sadece kendi arzularını tatmin etmeye çalışır ve başkalarına iyi davranmaz. Ya da onay ve saygı istediği için başkalarına iyi davranır ama kendi ihtiyaçlarını umursamaz. Sadece özgüveni gerçekten güçlü

AKLINDAKİNİ OKUYABİLİRİM!

olan bir kişi hem kendine hem de başkalarına iyi davranır. İyi derken, kısa vadeli tatminden söz etmiyoruz; daha ziyade, başkalarına nazik davranmanın yanı sıra, kendi uzun vadeli iyiliğine yatırım yapmaktan söz ediyoruz. Tatminini geciktiren bir kişinin içsel kontrolü olduğunu söyleyebilir ve bunun özgüvenin bir yansıması olduğunu varsayabiliriz. Ama madalyonun diğer yüzüne bakmadığımız sürece, hikayenin sadece yarısını görürüz. Kişi evli bir adamı kendine çekmek için kilo vermek amacıyla lezzetli ama şişmanlatıcı yiyeceklerden uzak duruyorsa ve tatminini geciktiriyorsa? Nedenlerin dengelenip dengelenmediğini, özgüven yaratıp yaratmadığını görmek için tüm denklemi dikkate almamız gerekir. Örneğin, bu kadın, özgüveninde çatlaklar sergileyecektir, çünkü insan doğası gereği başkalarına kötü davranacaktır.

14. BÖLÜM

ÜÇ TİP PROFİLİ

"Yaratıcı güçler, aynı derecede kolayca yıkıcı olabilir. Kendi başlarına iyi ya da kötü olmalarının ötesinde, tamamen kişilik yapısına dayanırlar. Eğer bu eksikse, hiçbir öğretmen onun yerini alamaz."

— Carl Jung (1875-1961)

Birinin özgüveninin güçlü olup olmadığını kolayca söyleyebilirsiniz ama bu, büyük bir egoları olduğu anlamına gelmez. Özgüven aşınmaya başladığında, iki temel zihin yapısı ortaya çıkar. Bakış açısı daralır ve "kişiliği" daha fazla ortaya çıkarak özgün güvensizlikleri filtreler. Özgüveni zayıf olan iki kişi, aynı duruma iki farklı tepkiden birini verir. İki tüpe bakarak, kişinin genel düşüncelerini, duygularını ve genel tutumunu anlayabiliriz.

Kişinin zayıf bir egosu ve güçlü özgüveni olabilir ve bu alçakgönüllü kişidir; kişinin büyük bir egosu ve zayıf özgüveni olabilir ve bu da kibirli kişidir. Ama bir olasılık daha var: Kişinin özgüveni zayıf, egosu küçük olabilir ve bu da kapı paspası zihniyetidir. *Ama kişinin aynı anda hem büyük bir egosu hem de güçlü özgüveni olamaz.*

Başkaları için en tehlikeli olan kişi, egosu büyük, özgüveni zayıf olan (ya da hiç olmayan) kişidir. Kendisi için en tehlikeli olan kişi, egosu küçük ve özgüveni zayıf olan kişidir. Bunun nedeni, kibirli kişinin öfkesini

AKLINDAKİNİ OKUYABİLİRİM!

daha ziyade dışarı yönlendirecek olmasıdır. Şiddet suçlularının genellikle kabadayı tavırlı ve kibirli olduğunu görürüz. Ama egosu küçük ve özgüveni zayıf olan kişi, olumsuzluğunu içe yönlendirecek ve değersizlik duygusu için kendini suçlayacaktır. Bu tipleri biraz daha derinlemesine inceleyelim.

LE-D Kapı Paspası: Bu kişi, bir şey kendi hatası olmadığında bile çabucak özür diler. Başkaları için gerçekte yapmak istemediği şeyler yapar ve bunun nedeni onları sevmesi değil, onlar tarafından sevilmemekten korkmasıdır. Kendini nadiren savunur, çünkü kendi ihtiyaçlarının yeterince önemli olmadığını ve kesinlikle başkalarınınkinden daha önemli olmadığını hisseder. Kesinlikle insanları memnun etmek için uğraşır. Sevilmek için "veren" biri, dışarıdan bakıldığında doğru şey olduğu veya yapmak istediği için veren biriyle karıştırılabilir.

Aynı davranış, iki farklı duygusal baskıya neden olur ve temeli niyetinizdir. Bu, bağışta bulunmakla soyulmak arasındaki fark gibidir. Her iki durumda da, para sizden bir başkasına gider ama bir örnekte teşvik varken, diğeri zayıflıktır. Buna uygun olarak, biri özgüveni beslerken diğeri zayıflatır. Eğer korku veya suçluluk duygusu yüzünden veriyorsanız, bu özgüveninizi güçlendirmez; tam aksine, sadece zayıflatır. Gerçekte vermezsiniz; karşınızdaki sizden alır. Kendi rızanızla kullanılırsınız. Ancak kendiniz tercih yaptığınız zaman özgür iradeniz olaya karışır ve bağımsızlık duygunuz güçlenir.

Kendi hayatınızda biri sizi kötü bir şey yapmaya teşvik ettiğinde, "hayır" diyerek kedinizi savunur ve kendinizi daha iyi hissedersiniz. İçinizden gelmese bile, yapılması gereken bir şeye "evet" dediğinizde de benzer bir güçlenme hissedersiniz. Ne söylerseniz söyleyin veya ne yaparsanız yapın, güç pozisyonundan geldiği sürece — eylemlerinizi kendiniz seçtiğiniz sürece — kendinizi daha iyi hissedersiniz. Kendinizi yetersiz gördüğünüzde, yetersizlik duygularıyla boğuşursunuz.

Bu profil genellikle içedönük bir kişiyi tanımlar. Ama kendi özünde kaldığında, kendini rahat ve güvenli hisseder. Genellikle çekingen olmakla birlikte, kendini güvende, rahat hissettiği ve morali yüksek olduğu zamanlarda sık sık çiçek açar.

LE-D'nin İşaretleri

Çoğu kimse, her sınıflamadan bir şeyler taşır ama genel olarak, LE-D tipiyle bağdaştırılan özellikler şunlardır:

- İltifatları iyi karşılamaz.
- Kendini hissettiremez ve kendini savunamaz.
- Kendisi hakkında olumsuz konuşur.
- Sürekli olarak özür diler ve suçluluk duyar.
- Çok çeşitli psikosomatik hastalıkları vardır.
- Yeni insanlarla karşılaştığında veya rahatlık bölgesinden çıktığında gergin ve endişeli olur ve kendini güvende hissettiği yerde kalmayı tercih eder.
- Akıllıca, iyi hesaplanmış riskler almaktan bile kaçınır.

AKLINDAKİNİ OKUYABİLİRİM!

LE-A Kibirli

Bu kişinin ilgi odağı olmaya ihtiyacı vardır ve genellikle gürültücü, kolay sinirlenen ve her şeyden şikayet eden biridir. Büyüklük ısrarcılığı, düşük özdeğerinin yol açtığı acıyı gizler. Sürekli olarak başkalarının teşviklerini ve onayını ararken, bunları yeterince ve sürekli olarak alamadığında öfkelenir. Eğer başkalarının gözünde daha güçlü, daha büyük veya daha akıllı görünmesini sağlayacaksa, genellikle başkalarını aşağılamaktan veya incitmekten çekinmez. Genellikle, her rekabette özdeğer duygusu söz konusu olan şiddetli bir rekabetçidir. Kendine odaklanmış, zorlayıcı, kontrolcü, kabadayı tavırlı biridir. Fikrini açıkladığında ve kabul edilmediğinde genellikle gücenir. İnsanların bakış açısını anlaması için ısrar eder ve ilgi eksikliğine aldırmaz; bunu sadece inatçılık olarak görür ve karşısındaki kişinin egosunun iyi tavsiyeleri dinlemesini engellediğini düşünür. Özgüveni güçlü bir kişi başkalarını gücendirmekten, utandırmaktan veya rahatsız etmekten çekinirken, LE-A başkalarına saygı duymaz, çünkü bunu yapamaz. Bir kişi saygı verecekse ve kendisi buna sahip değilse, nasıl verebilir ki? Aslında verme becerisi – çeşitli derecelerde – zayıftır. Her ilişkisinde içsel önem duygusu işe karışırken, başkalarına pek yer kalmaz. Kendine odaklanmış biri sevemez, çünkü egosu kontrolü ele aldığında hissettiği tek şey açlık ve şehvettir. Dahası, kendisi hakkındaki eleştirilere karşı aşırı duyarlıdır ve genellikle öfkeyle karşılık verir.

DAVID J. LIEBERMAN

Kendimizi ne kadar çok kabul edersek, başkalarını da o ölçüde kabulleniriz. Buna karşılık, bu kişinin kendisini iyi hissedebilmesi için başkalarını yetersiz veya eksik "görmesi" gerekir. Muhtemelen hayatlarımızda zor olduklarını düşündüğümüz bir-iki kişi vardır. Ama bu kişi neredeyse herkesin sorunlu olduğuna inanır. Gerçekte sorun olan herkes değil, kendisidir.

Özgüveni güçlü olan bir kişi çevresine karşı naziktir ama kibirli bir kişi, istediğini yaptırmak için etrafa vururken, kırıp dökerken ve kasırgalar koparırken görülebilir. Bunu insanlarla yapmayı denediği gibi, "iradesini" başka şeylere de dayatmaya çalışır.

LE-A'nın İşaretleri

- Kolayca öfkelenir, kontrol etmeyi sever, ilgiyle beslenir ve sadece insanlara karşı değil, çevresine karşı da saldırgan görünür.
- Ne kadar küçük olursa olsun, algıladığı her türlü haksızlık karşısında aşırı tepki verme eğilimi vardır.
- Küçük bir başarı yakaladığı her seferinde övünüp durur.
- Maddi mülkiyetleriyle övünür ve önem duygusunu bunlarla beslemeye çalışır; sohbet ne olursa olsun, bilgisiyle karşısındakini etkilemeye çalışır ve odağı tekrar kendi üzerine çekmeye uğraşır.
- Haklı olmak zorundadır ve insanları, durumları,

AKLINDAKİNİ OKUYABİLİRİM!

şartları kontrolü altına almaya çalışarak, her şeyin istediği gibi yapılması için diretir. Ayrıca, başkalarının bakış açılarını dinleyemez ve fikirlerini kolayca göz ardı eder.
- Bağımlılık davranışları vardır ve kendini "canlı hissetmek" için yüksek riskli davranışlara girişebilir.

LE-D ve LE-A'nın Ortak İşaretleri

- Aşırı duyarlıdır. LE-A öfkelenebilir ve güçlü tepkiler gösterebilirken, LE-D üzülür ve içine kapanır.
- Sık sık umutsuz bir dil kullanır ve son derece sevimsiz olsa bile geçmişte yaşar.
- Kendini belirgin bir şeylere bağlama çabasıyla, genellikle dünyasını siyaha ve beyaza boyar; ama kendisine uygun gelmediği zamanlarda gri tonları görmeyi bilir.
- Dünyaya genellikle kendisinin sahte bir imajını gösterir, çünkü başkalarının gerçekte olduğundan daha iyi olduğuna inanmalarını ister.
- Her şeyi kişisel alır; evrenin merkezi oyken, başka ne önemli olabilir ki?
- Sürekli olarak başkalarının onayını ve takdirini ister.
- Mantıksız inançlarla doludur, duygusal düşünmek konusunda güçlü bir eğilimi vardır ve davranışını haklı çıkarmak için mantığı kullanır.
- İşler zorlaştığında kolayca öfkelenir ve yolunu değiştirebilir veya gemiyi hepten terk edebilir.

- Sağlıksız ilişkileri vardır; hayatında sadece birkaç insan vardır ve onlarla da anlaşmakta zorlanır.

Sorunu için kendisi dışında herkesi suçlar ve hayatı için sorumluluk almayı reddeder. Sürekli bir kurbandır. Genellikle bunalımdadır veya en azından, endişeli ve huzursuzdur.

Karar vermekte zorlanır. Haksız bulunma korkusu genellikle eyleme geçmesini önler. Çok fazla değişkenin kontrolü veya anlayışı dışında kaldığı durumlarda güçlü bir değişim korkusu duyar.

Özgüveni zayıf bir kişinin genellikle aşağılık (kapı paspası zihniyeti) ve üstünlük (kibirlilik) maskeleri arasında gidip geldiğine dikkat etmeliyiz. Herhangi bir durumda hangisi baskınsa, olumsuzluğu ifade etmek için içe doğru üzüntüyü ve kırgınlığı, dışa doğru öfkeyi kullanır. Herhangi bir zamanda kişinin hangi kipte olduğunu anlayarak, genel tutumunu ve davranışlarını tahmin edebilirsiniz.

Bu noktaya kadar açıkladığımız şeyler, S.N.A.P.'in altında yatan psikolojinin tamamıydı. Bununla, düşünme ve karar verme sürecini daha iyi anlayabilirsiniz, çünkü her profil bize kişinin düşünce tarzına açılan son derece net bir pencere sunar.

Şimdi, yapmamız gereken tek şey denklemdeki gerçekleri çekip almaktır. 1. Kısım'da somut taktikler buldunuz ama 2. Kısım daha ziyade bir sanat gibidir. Yeni becerilerinizi en iyi şekilde kullanabilmek için, şimdi yöntemi belirgin bir sıralamaya sokacağız ve böylece çeşitli durumlara ve şartlara daha kolay uyarlayabileceksiniz.

15. BÖLÜM

PROFİL OLUŞTURMA SANATI VE BİLİMİ: GERÇEK HAYATTAN ÖRNEKLER

"Hayal gücü ve kurgu, gerçek hayatın dörtte üçünü oluşturur."

— Simone Weil (1909-1943)

Tüm olası dinamiklerin izleyeceği iki sınıflandırma, gerçek hayattan örneklerle sistemin nasıl çalıştığını gösterecektir. Bir kez "renkleri" gözlemlediğinizde – özgüven, güven, ilgi – onları çabucak karışıma atarsınız ve düşünceleri, duyguları, inançları ve olası davranışları belirlemek üzere profili tamamlarsınız. Göreceğiniz gibi, renklerden bazıları – öncelikli ve kesinlikle ikincil olanlar – önemsenmeye değmez etkiler taşıyabilir ve her hesaplamada dikkate alınmaz. Bazı ilgi tiplerini (ilgi seviyesiyle karıştırılmamalıdır) psikolojik şablonumuzu inşa edeceğimiz başlangıç noktası olarak kullanacağız. Teorik olarak, renklerin herhangi birini başlangıç noktası olarak kullanabilseniz de, ilgi tipini seçmek en kolayıdır, çünkü durum bağlamında neredeyse daima kolayca anlaşılabilir.

Sınıflandırmalar

A Sınıfı: Sonuçtan doğrudan çıkarı olmayan kişi (jüri üyesi, iş değerlendirmesi, bir arkadaşa iyilik gibi).

AKLINDAKİNİ OKUYABİLİRİM!

B Sınıfı: Gönülden çıkarı olan kişi (poker, pazarlık, satış gibi).

Not: Flört gibi kişinin ilgi seviyesinin bilinmediği durumlarda, 5. Bölüm'de açıklanan teknikleri uyguladıktan sonra algılanan çıkarlar bulunup bulunmadığına dayanarak iki formülle de ilerleyebilirsiniz.

Öncelikle, kişinin doğrudan çıkarının bulunmadığı, özgüveninin güçlü olduğu durumları, sonra kişisel çıkarın bulunmadığı ve özgüvenin zayıf olduğu durumları inceleyeceğiz. Sonra, kişinin sonuçtan doğrudan çıkarının bulunduğu ve özgüveninin güçlü olduğu, son olarak da özgüveninin zayıf olduğu durumları inceleyeceğiz.

A Sınıfı: Sonuçtan doğrudan çıkarı olmayan kişidir.

Elbette ki bir kişi doğru şeyi yapmak isteyebilir ve adalete hizmet etmeyi veya ihtiyacı olan bir arkadaşının yardımına koşmayı önemseyebilir. Ama bu kişinin daha kişisel, doğrudan bir çıkarının bulunmadığı durumlardan söz ediyoruz.

Özgüvenin ilgi seviyesini belirlediğini ve özgüven ne kadar güçlüyse, anlamlı amaçlar peşinde koşmaktan o kadar fazla zevk alacağını tekrar hatırlayın. Özgüven zayıf olduğunda, doğru şeyi yapmanın değeri gözden kaçırılabilir ve kişi sonuçla pek ilgilenmeyebilir.

Kişinin doğrudan çıkarının bulunmadığı durumlarda, özgüveni düşünme ve karar verme sürecinde en etkili unsur haline gelir. Dolayısıyla, bu ilk incelememizin odak noktasını oluşturacaktır. Buradan sonra, profilimizi oluşturmaya başlayacağız ve sonraki bölümde çıkarabileceğiniz sonuçlara bakacağız.

S.N.A.P.: Genel Değerlendirme

Çaba arttıkça, riske atılan şeye bağlı olarak, olumlu veya yardımcı eylem olasılığı azalır. Ama kişinin özgüveni ne kadar güçlüyse, doğru olanı yapma isteği, iyi hissettireni veya iyi görüneni yapma eğilimine baskın gelecektir. Özgüven zayıfladıkça, ruh hali daha güçlü bir etken haline gelir ve az çaba olsa veya hiç çaba olmasa bile, doğru olanı yapma isteği zayıflar. Ruh hali kötüleştikçe ve çaba arttıkça, karşınızdakinin işbirliği yapma olasılığı hızla azalır. Doğrudan çıkar bulunmadığında ve özgüven zayıf olduğunda, risk büyük ölçüde ilgisiz kalır; özellikle de ruh hali kötüyse.

Ruh hali düzeldiğinde, kişi benmerkezci düşünce tarzından biraz uzaklaşarak, bir süre için başkalarının ihtiyaçlarına odaklanabilir. Dolayısıyla, özgüveni zayıf bir kişinin ruh hali iyi, çaba az ve risk görece yüksek olduğunda, işbirliği olasılığı en yüksek durumdadır. Doğrudan çıkar bulunmadığında, güvenin nadiren etki yarattığını belirtmeliyiz, çünkü güven çıkar meselesidir; bunun tersi de geçerlidir. Dolayısıyla, özgüven zayıfsa ve doğrudan çıkar yoksa, kişi etki seviyesi konusunda endişelenecek kadar umursamaz.

Bildiğimiz gibi, zayıf özgüven aynı şekilde yaratılmaz. LE-A tipi bir kişi başkalarının düşüncelerine pek aldırmazken, LE-D tipi bir kişi başkalarının hareketleri hakkındaki düşüncelerinden kolayca etkilenebilir. İki tip de başkalarının düşüncelerine odaklanmış olsa da, LE-A tipi daha ziyade kendi ihtiyaçlarının karşılanmasıyla ilgilenir. Eğer durumdan istediği şey daha önemliyse, kendisi için iyi olanı yapar; LE-D tipi bir kişi ise, kendini harcama pahasına başkalarını memnun etmeye çalışır.

Özgüven Güçlü Olarak Gözlemlendiğinde Profil

- Odak, uzun vadeli kazançtan başkalarına döner; vicdan, kişisel çıkarların üzerine çıkar.
- Risk çok düşük olmadığı sürece, ruh hali pek önemli olmaz.
- Güven, çıkar derecesine bağlıdır ve çıkar çok yüksek olmadığı sürece konudan bağımsızdır (doğru olanı yapmak önemlidir).

Kişi büyük bir entelektüel netlikle bakar ve yargılarına duygularını katmaz. Bakış açısı geniştir ve benmerkezci değildir. Kişi olumlu ve cömerttir; aceleci ve kaba değildir. Herhangi bir şeyi kanıtlaması gerekmez ve kendine değil, dışarı odaklanmıştır. Kişi, daha iyi bir karar verebilmek için bilgi toplamaya odaklanır ve karşısına çıkanlarla pek ilgilenmez. Özgüven arttıkça, daha yüksek ahlakı seçer ve bunu yaparken kendini feda edebilir.

DAVID J. LIEBERMAN

Özgüven Zayıf Olarak Gözlemlendiğinde Profil

- Odak kısa vadeli tatmine ve kişisel çıkarlara kayar.
- Ruh hali, özgüvenin önüne geçer.
- Güven ilgiyle ters orantılıdır ve tartılması gereken bir unsur olacak kadar güç taşımaz.

Sloganlar

	Doğrudan Çıkar Var	Doğrudan Çıkar Yok
LE-D	"Denerim."	"Kimsenin bana kızmasını istemiyorum."
LE-A	"Buna ihtiyacım var."	"Her neyse!"
S/E	"Elimden geleni yaparım."	"Doğru olanı yapalım!"

Bu kişi, kendini güvende hissetmek için ihtiyacı olan şeyi görür ve duygusal dürtüyle hareket eder; diğer bir deyişle, yargısı bulutludur. Kendine ve kişisel ihtiyaçlarına odaklanmıştır. Ruh hali çok iyi olmadığı sürece, sadece kendisi için iyi olanı yapmakla ilgilenir. Ruh hali kötüyse kabalaşacak ve ters davranacaktır. Dolayısıyla, kendisi için bir çıkar olmadığı sürece, işbirliği yapmaya veya uzlaşmaya yanaşmayacaktır. Onu harekete geçirmenin tek yolu, egosuna seslenmektir, çünkü

AKLINDAKİNİ OKUYABİLİRİM!

doğru ve yanlış kavramları, vicdanının etkili olamayacağı ölçüde bozulmuştur.

Gerçek Hayattan Örnekler

Özgüven Güçlü Olarak Gözlemlendiğinde

1. Vaka: Bir savunma avukatı, müvekkilinin ciddi bir suçla yargılandığı bir davayla ilgili olarak potansiyel jüri üyesiyle görüşüyor.

Özet: Savunma iyiyse, sağlam kanıt varsa, bu jüri üyesi bir gardiyan. Eğer dava varsayımlara dayanıyorsa, jüri kolay ikna olmayacak. Ama biri için üzülmeye ve acısına empati göstermeye de karşı değil. Özgüveni güçlü ve doğrudan çıkarı bulunmayan biri olarak, başkalarına kolayca sempati duyabilir. Dikkatini veya ilgisini emen bir egosu yok.

Ama bu kişi, sadece birine acıdığı için davayla ilgili gerçekleri görmezden de gelmeyecektir. Özgüveni güçlü ve doğrudan çıkarı bulunmayan biri olarak, kişi haklı olduğunu düşünüyor ve silahlarına sarılmaktan çekinmiyor. "Doğru olanı yapmalıyım. Adalet yerini bulmalı," diyor ama adil ve dengeli davranacağı belli. Başkalarını dinleyecek ama pozisyonundan kıpırdamak için mantıklı bir nedeni olmadığı sürece görüşü değişmeyecek.

Buradaki diğer etken, inançlardır. Potansiyel jüri üyesi, örneğin, bütün şirket yönetim kurulu başkanla-

rının açgözlü olduğuna ve para kazanmak için her şeyi
yapabileceklerine inanıyorsa, bu inanç düşünce tarzını
etkileyecektir. Dolayısıyla, sorunu ortadan kaldırmak
için (bkz. 2. Bölüm, 2. Teknik), düşüncelerinin beklen-
medik bir yöne kayıp kaymayacağını anlamak için ilgi-
li ve tutarlı sorular sorun.

Özgüven Güçlü Olarak Gözlemlendiğinde

2. Vaka: Bir gözaltı memuru, mahkemeye sunmak
üzere rapor hazırlıyor.

Özet: Bu senaryo, önceki olaya benziyor ama bir is-
tisna var. Bu olayda, kişinin işi söz konusu. Dolayısıy-
la, sonuçtan doğrudan bir çıkarı olmasa da, doğru ve et-
kili kararlar vermeyi önemsiyor.

Dolayısıyla, memurun genel prosedürünü inceleme-
li ve yakın zamanda verdiği kararları gözden geçirme-
liyiz. Son zamanlarda yumuşak ama iyi karşılanan
tavsiyelerde bulunduysa, daha fazlasının gelmesini
bekleyebilirsiniz. Ama doğru ve yanlış konusundaki
inancının kanunlara uygunluktan ne kadar uzaklaşa-
cağını, özgüveninin gücü belirleyecektir. Genellikle,
bu kişinin "dalgalar yaratmak" ve kendi borusunu öt-
türmek isteyen egoistler olduğunu düşünürüz. Bu, an-
cak kendisi için bir risk söz konusuysa doğru olabilir.
Doğrudan çıkarı olmadığında, sadece kendi inandığı
doğruları izleyen özgüveni güçlü biri olduğunu düşü-
nebiliriz.

AKLINDAKİNİ OKUYABİLİRİM!

Özgüven Zayıf Olarak Gözlemlendiğinde

1. Vaka: Bir savunma avukatı, müvekkilinin ciddi bir suçla yargılandığı bir davayla ilgili olarak potansiyel jüri üyesiyle görüşüyor.

Özet: Burada hesaplamalar, özgüvenin güçlü olduğu durumdan daha karmaşıktır. Doğal olarak kendine odaklanmıştır ve kişisel bir anlam iliştirilmediği sürece davanın ağırlığını düşünmeyecektir. Eğer yüksek profilli bir dava değilse, ilgi seviyesi düşük olacaktır. Muhtemelen duyguları ve gerçekleri değerlendirmeyecek, mantıksızca, gerçek dışı ve kişisel düşüncelere yönelecektir.

Benmerkezci kişi başkalarında kendini görür ve dolayısıyla, jürinin kendini kiminle özdeşleştirdiği önemlidir; davalıyla mı, davacıyla mı? Bu kişinin tarafını tutacağını bilin. Şöyle düşünecektir: "Tıpkı benim gibi." Burada güçlü bir uyarı vardır: Jüri kendini özdeşleştirdiği kişiyi kıskanırsa, bağlantı bumerang etkisi yapabilir.

Kendimize benzeyen insanları daha çok kıskanırız. Örneğin, bir ressam muhtemelen bir cerrahın becerisini kıskanmaz ama başka bir cerrah, özellikle de özgüveni zayıf olan biri, kendini başka doktorlarla özdeşleştirir, kıyaslar ve kıskançlık doğar. Önemli olan, ilgili ve tutarlı sorular sorarak (bkz. 2. Bölüm) bağlantının kopup kopmayacağını görmektir. Genel olarak, davanın büyük bölümünde ve özellikle müzakere bölümünde ruh hali iyiyse ve jüri kendini zanlıyla özdeşleştirmişse, zanlıyı masum gösterme eğiliminde olacaktır. Ruh hali kötüyse, suçlu kararını destekleyecektir. Bunun nedeni şudur: Ruh hali kötü olduğunda, egosu tamamen devreye girer. Bilinçaltı ona şöyle söyler: Eğer bana benzeyen başkaları kötü durumdaysa, ben iyi durumda olmalıyım. Diğer jüri üyeleri egosunu okşarlarsa, jüri üyesi (LE-A) ikna edilebilir. Ama öfkelenirse, sonuna kadar silahlarını bırakmaz. Eğer canına tak ederse ve durumdan kurtulmak isterse, kabul etmekte gecikmez. Kendi rahatlığı ve ihtiyaçları en büyük öneme sahip olduğundan, adaleti önemsemez. Dolayısıyla, dava bir süre devam ederse, işinin bittiğini düşündüğü her seferinde kararının değiştiğini görebilirsiniz.

Buna karşılık, LE-D kişi genellikle "sürü" mantığı güder; böyle durumlarda, tarafla kendini güçlü bir şekilde özdeşleştirmediği sürece, istatistiki olarak çoğunluğa uyar. Bu durumda, baskı dayanılmaz hale gelene kadar "kendi bildiğini okumaya" çalışacaktır.

Özgüven Düşük Olarak Gözlemlendiğinde

2. Vaka: Bir gözaltı memuru, mahkemeye sunmak üzere rapor hazırlıyor.

Özet: Yine, özet önceki olaydakine benzer ama bu kez kişinin işi senaryoya dahildir. Ama özgüvenin zayıf olması, kişinin esnekliğini azaltacaktır. Bir kalıbı izlemek konusunda güçlü bir eğilim görebilirsiniz. Şimdi ne yapacağını gösteren en güçlü işaret, geçmişteki benzer durumlarda ne yaptığıdır. Özgüveni zayıfsa (LE-A) bir kimlik arayışına girişecek, belli türde biri gibi tanınmak isteyecektir; örneğin, "sert, saçmalık sevmeyen adam," gibi. Genel kalıbından uzaklaşırsa, bunun nedeni davayı diğerlerinden çok farklı görmesi olacaktır.

Dolayısıyla, her zamankinden farklı karar verdiğinde, öz-imajının değişmesi gerekmeyecektir. Bu kişiyi ikna etmenin en kolay yolu, ona davanın diğerlerinden neden farklı olduğunu göstermek ve yeni bilgiye dayalı olarak yeni bir karar vermesine fırsat tanımaktır; bu tür davalarla ilgili olarak genel düşünce tarzını değiştirmeye çalışmak hem yararsız hem de yanlıştır.

LE-D tipi bir kişi, yine çoğunluğa uymaya eğilimli olacaktır. O da LE-A kadar duygusaldır ama kararlarında başkalarının istek ve ihtiyaçlarını kendininkilerin üzerinde tuttuğundan, başkalarına sempati duyması daha kolaydır. Bu etkilerden herhangi biri olmadığında, düşünce tarzı LE-A tipininkinden farklı olmayacaktır.

B Sınıfı: Sonuçtan doğrudan çıkarı olan kişidir.

S.N.A.P.: Genel Değerlendirme

Kişisel çıkar söz konusu olduğunda, kişinin güven derecesi baskın etkili unsur haline gelir. Güven ve çıkar ters bağlantıda olduğundan, kişinin düşünceleri, duyguları ve ardından gelen eylemleri, başarılı olmak konusunda gördüğü şansına değil, başarıyı ne kadar istediğine dayanır.

TÜYO

Çoğunluk fark yaratır mı? Başka insanlar mevcut olduğunda ve performansımız değerlendirildiğinde, sosyal kolaylık önem kazanır. Araştırmalara göre, basit işlerde tahrik performansımızı artırır ama karmaşık işlerde performansımıza zarar verir. Örneğin, ortalamanın altında oyuncular bilardo oynarken seyirciler varsa, oyuncular çok az sayı yapabilirler. Ama ortalamanın üzerinde oyuncular oynarken seyirciler varsa, oyuncular daha yüksek sayı yaparlar. (Michaels, 1982). Kendinizden daha yetkin biriyle rekabet ettiğinizde, bunu yanınızda başkaları yokken yapın. Ama daha yetkinseniz, etrafınızda izleyecek insanlar olsun, çünkü sizin daha iyi, rakibinizin daha kötü performans göstermesine neden olurlar.

Özgüven çok güçlü olduğunda, *güven eşittir eylem* diyebiliriz. Basitçe ifade etmek gerekirse, kişi kendisini iyi hissettiğinde ve başarı şansına inandığında, istediği şeyin peşinden koşar. Ama eylem sorumluluğundan dolayı başarı şansına güveni azalırsa, çaba gösterme isteği de azalır. Dolayısıyla, çaba arttıkça, eylem de azalacaktır.

Özgüven güçlü olduğunda, ruh hali de daha fazla önem kazanır. Eğer risk çok önemli değilse ve/veya geçiciyse, ruh hali devreye girer. Sorumlu davranmak, daha önemsiz hale gelir, çünkü durumun uzun süreli ve önemli bir etkisi olmayacaktır.

AKLINDAKİNİ OKUYABİLİRİM!

Özgüven zayıf olduğunda, ruh hali güvene bağlı daha güçlü bir etken haline gelir. Başarılı karşılaşmalardan duygusal yakıt aldıkça, ruh hali de onu izler. Ayrıca, güven yüksek olduğunda, özgüveni güçlü olan birine oranla bile amacının peşinden daha ısrarla koşacaktır. O kadar ki çaba bile (LE-A tipi için) pek bir etken oluşturmayacaktır.

Bunun nedeni, öz-değerinin kendisini değil, eylemlerini sarmasıdır. Dolayısıyla, başarı onu biraz daha kendisi gibi gösterecektir. Ama LE-D tipi için, özgüvenin zayıf ve egonun küçük olması, hayatını daha iyi hale getirmek veya kendini daha mutlu kılmak konusunda pek destek sağlamayacaktır. Dolayısıyla, genellikle vazgeçecek ve hemen hızlı tatminlere yönelecek, kaçırdığı fırsatla ilgilenmeyecektir. LE-A tipi için, güven ve ruh hali zayıfsa, öfkelenecek, hayal kırıklığına uğrayacak ve rahatsız olacaktır. Kendisi için bir şey istemektedir ve sadece kendisiyle ilgilenmektedir. Ama şansıyla ilgili kendini iyi hissetmemektedir ve ilgi seviyesinden dolayı öfkelenmektedir.

Durum Filtresi

Şimdi, kişinin duygusal oluşumuna dahil olmayan, durumun kendisinin ve kişinin hayatında olup bitenlerin bir yansıması olan, düşüncelerini ve tutumunu etkileyen bir etkeni inceleyeceğiz. Doğrudan çıkar olmadığında, doğru şeyi yapmak ve ahlaki değerleri izlemek kolaydır. Bu ifade, insan doğası için bir kanun değil, daha ziyade onun fonksiyonudur. Doğrudan çıkarı dizginleyen tek güç (doğru olanla çatıştığında) özgüvendir; özgüven, yine sağlıklı değerleri ve inançları dizginleyen şeydir.

Bazı durumlarda, kişinin hayatında durumla ilgili neler olup bittiğini ve ahlak değerleriyle nasıl çelişebileceğini bilmek avantajlı ve hatta gereklidir. Kişinin doğrudan çıkarı arttıkça, iş daha karmaşık bir hale gelir. Doğrudan çıkarı olmayan ve hatta doğrudan rekabet içinde olan biri için denklem daha basittir, çünkü doğrudan çıkar genellikle ahlaki bir ikilemi işaret etmez.

Bu etken bir joker olarak kullanılabilir ama etrafından da dolaşabilirsiniz (bkz 3. Bölüm, 2. İşaret). Kısaca, konuyu açın ve kişinin kendine odaklanıp odaklanmadığına bakın. Eğer bunu yapıyorsa, muhtemelen değerlerinin yerini zorunluluğa bıraktığı bir eşiğe yaklaşıyorsunuz demektir.

Buna ek olarak, sorular sırasında kişinin durumu, değerlerinin ve inançlarının ötesine geçerek onu kendi doğasına aykırı davranmaya zorluyorsa, kalıp aramak işe yarayabilir. Gelecekteki davranışlarını tahmin etmenin en iyi yolu, geçmiş davranışlarına bakmaktır. Herhangi bir önemli olayı veya tutum değişikliğini tespit ettiğinizde, kişinin her zaman yaptığı şeyi yapmasını bekleyebilirsiniz.

Kişiyi başka bir şirketten almak için uğraşıyorsanız, bir şeyden emin olabilirsiniz: Kendi şirketinizden de alınabilir. Ayrıca, evli bir adamla ilişkiye giren bir kadın, bir şeyden emin olabilir: İstatistiki olarak, adam onu da aldatacaktır.

AKLINDAKİNİ OKUYABİLİRİM!

Özgüven Güçlü Olarak Gözlemlendiğinde Profil

- Odak, uzun vadeli kazanca döner.
- Ruh hali ihmal edilir, çünkü özgüven ve çıkar yüksektir; ancak durum çok önemli olmadığında ruh hali etkili olur.
- Güven güçlü bir etken haline gelir.

Bu kişi doğru olanı yapmak ister ama ahlaki barometresinin kendi çıkarlarıyla çeliştiği bir noktaya ulaşacaktır. Örneğin, içinde on dolar ve çok sayıda kredi kartı olan bir cüzdan bulursa, sahibini aramaya başlayabilir.
Ama yüz dolarlık banknotlarla dolu bir çanta bulduğunda, içinde bir mücadele başlayacaktır. Doğru olanı yaparak çantayı polise teslim etme isteği, bir noktada – özgüvenine ve ihtiyaçlarının ne kadar acil olduğuna bağlı olarak – kendi ahlaki değerlerine karşı gelmesine neden olabilir.

1. Vaka: John, sizinle bir sözleşme için pazarlık ediyor.
Çıkarlar söz konusu olduğundan, şimdi odak güvene kayacaktır. Eğer güven seviyesini güçlü olarak değerlendirirseniz, zor bir savaştasınız demektir. Yüksek çıkar, yüksek güven ve güçlü özgüven, onu neredeyse korkusuz hale getirecektir. Özgüveni zayıf olan benzerinin aksine, mantık dışı bir hareket yapma eğiliminde olmayacaktır. Onu pozisyonundan kaydırmak için en

iyi şansınız, cömertliğine seslenmek – sizin için bir şey yapmak – olabilir ama karşılık vermek zorunda olmadığını unutmamalısınız.

Eğer özgüveninin zayıf olduğunu fark ederseniz, gerçekte beklediğinden çok daha azını alabileceğini düşünmesini sağlayarak, pozisyonunuzu yükseltebilirsiniz. Dolayısıyla, düşüncesini mantıklıdan duygusala kaydırma şansı yakalarsınız. Şimdi, eylemlerini uzun vadeli çıkarlarından uzaklaştırmak için bir şansınız vardır.

2. Vaka: Poker oynuyorsunuz ve el rakibinizle sizin aranızda kaldı.

Burada, güven seviyesini belirlemek için 3. Bölüm'deki teknikleri kullanabilir ve ona uygun olarak oynayabilirsiniz. Kağıtlarının nasıl olduğunu bilmeniz mümkün değildir ama şunlara bağlı olarak olası sonuçları tahmin edebilirsiniz: Olasılıklara uygun olarak oynayacaktır ve sezgilerine güvenmekten çekinmeyecektir. Duygularına kapılması veya mantık dışı hareket etmesi pek mümkün değildir. Eğer iyi bir eli varsa, hesaplı bir blöfe girişecek, risk alacak ama aptalca davranmayacaktır.

Güven yüksek olduğunda (algı yönetimine göre), biraz daha saldırgan oynayacaktır, çünkü güveni ruh haliyle bağlantılı olacaktır. Araştırmalara göre, kişi yakın zamanda büyük bir el kazandıysa veya herkesten yukarıdaysa, daha fazla risk alma eğilimindedir. Güveninin düşük olduğunu fark ederseniz, güçlü özgüveni genellikle akıllıca oynamaktan uzaklaşmasını engelleyecektir.

AKLINDAKİNİ OKUYABİLİRİM!

Özgüven Zayıf Olarak Gözlemlendiğinde

- Odak acil tatmine kayar.
- Ruh hali etkendir ve amacı önemsiz olan durumlarda bile özgüvenin önüne geçebilir, çünkü özgüveni zayıf olan bir kişi için, kendisini ve çıkarlarını ilgilendiren her şey önemli olabilir.
- Güven güçlü bir etken haline gelir, çünkü çıkarlarla ilişkilidir.

Çıkar yüksek ve özgüven zayıf olduğunda, güven kolayca sarsılabilir ve bu durumu hayatını değiştirmek için büyük bir fırsat olarak görebileceği için, çılgınca şeylere girişebilir. Güveni düşük olduğunda, bakış açısı daha da daralıp çarpılacaktır ve tamamen mantık dışı davranarak, karşılaştığı her engelde kolayca öfkelenebilir ve hayal kırıklığına uğrayabilir.

1. Vaka: Brad sizinle bir sözleşme için pazarlık ediyor. Özgüven zayıf ve güven yüksek olduğunda, karşınızdaki kişi son derece duygusal ve umursamaz davranacaktır; kendini iyi hissetme fırsatını kaçıramaz. Her noktada duyuları ayakta olacak, hiçbir şey dikkatinden kaçmayacaktır. Pazarlık onun fırsatı, kendini gösterme zamanıdır. Abartılı bir şekilde karşılık vermesini bekleyebilirsiniz. Ama bir LE-D eğilimi sezerseniz, davranışları o kadar açık olmayabilir.

Özgüven zayıf olduğunda, mantığı pazarlıkta kalmasını söylediğinde bile korkarak geri çekilebilir ve kaçabilir. Tamamen ilgisiz de görünebilir; arzuları ulaşamayacağı bir yerdedir ve egosu incinmesini önlemek için devreye girmiştir. Şimdi, kendini neden hissettiremediği konusunda mantık göstermek için her türlü neden öne sürebilir. Eğer LE-D tipi bir kişiliği varsa, konudan uzaklaşır; LE-A tipi bir kişi ise, özellikle çıkar seviyeleri yüksek olduğunda kabalaşır ve öfkeye kapılır.

2. Vaka: Poker oynuyorsunuz ve el rakibinizle sizin aranızda kaldı.

Güveni yüksek olan bir LE-A tipi kişi, değeceğine inandığı her şey için elini kullanır. Öz-değeri söz konusudur ve hayatı o ana odaklanmıştır. Elini açığa vurmadan bu durumdan yararlanma yollarını arayacaktır. Büyük başarısı için etrafında bir tanık olup olmadığını kontrol ediyor mu? Bir LE-D tipini okumak daha zordur ama başarısına tanıklık edecek birini arama eğilimindedir. Güven seviyesi düşükse, daha çekingen, daha az hareketli olacaktır.

İleri Geri Çalışmak

Bu sürece alıştığınızda, becerilerinizi iki yönde kullanabilirsiniz. Bir kişinin profilini çıkarabilir, davranış ve düşünce kalıplarını belirleyebilir, ayrıca duygusal yapısını daha geniş açıdan anlayabilirsiniz. Etkili pro-

AKLINDAKİNİ OKUYABİLİRİM!

fil oluşumu iki yönlü bir caddedir; ileri ve geri doğru akar. Örneğin:

Gözlemleriniz sonucunda, bir tenis oyuncusunun özgüveninin zayıf, güveninin yüksek ve çıkarının büyük olduğu sonucuna vardınız. Tercümesi: Öz-değer duygusu becerilerinden kaynaklanıyor. Çıkarı büyük olduğunda, bütün dünyayı karşısına alır. Dolayısıyla, davranışını belirleyen zayıf özgüvenin tipine bakın. LE-A tipinin gürültücü ve kontrol edici, kibirli ve sinir bozucu olmasını bekleyebilirsiniz.

İşler istediği gibi gitmediği takdirde son derece patlayıcı olabileceğini biliyorsunuz. Kötü servisler kontrolünü kaybetmesine neden olabilir. LE-D tipi bir kişi, kötü servislerden şikayet bile etmeyecek, antagonist bir yaklaşım sergileyecektir ama bir şekilde uzak bir tutumu olacaktır.

Geri doğru da çalışabilirsiniz. Bir kişinin daha önceki bir davranışını görmek – tenis oyuncumuzda olduğu gibi – özgüveninin zayıf, güveninin yüksek ve çıkarının büyük olduğu sonucuna varmanızı sağlayabilir.

Sonucu zaten biliyorsanız, kişinin duygusal oluşumunu incelemek konusunda nasıl tahminlerde bulunduğumuzu görmek için bazı örnekler verelim.

Soru: Pam yakın zamanda itirazlarına rağmen arkadaşının kovulduğu ve yerine Sue'nun getirildiği ofiste çalışıyor. Pam'in özgüveninin güçlü veya zayıf olduğunu gözlemliyorsanız, ne yapacaktır?

Cevap: Özgüveni güçlüyse, doğru olanı yapmaya çalışmak yerine, doğru olanı yapmayı seçecektir. Ama özgüveni zayıfsa, haklı olduğunu kanıtlamak, ofis için en iyi olanı yapmaktan daha önemli olacaktır. Dolayısıyla, hiç de yardımcı olmayan şeyler yapacaktır; bu davranışlar, pasif-agresiften Sue'yu yeni işinde açıkça sabote etmeye kadar değişebilir.

Soru: Hizmetçi Kelly, kanepenin altında bir çeyreklik buluyor ve almanız için masanın üzerine koyuyor. Dürüst olduğunu söyleyebilir miyiz? Kelly pantolonunuzun cebinde kırışmış bir 100 dolarlık banknot bulsaydı ne yapardı?

Cevap: Kelly'nin özgüveni zayıfsa, parayı geri alma şansınız azalır. Kişinin doğrudan çıkarı riske girdiğinde, ahlaki merkezini bulandırabilecek her türlü durumu düşünmeliyiz. Denkleme şu sorunun da eklenmesi gerekir: "Paraya ne kadar ihtiyacı var?"

Eğer özgüveni güçlüyse, sadece doğrudan çıkar bile onu harekete geçirebilir. Dolayısıyla, önce durumunu inceleyin; işten çıkarılmalı mı, yoksa finansal açıdan sıkıntıda mı? Elbette ki bu varsayım mutlak değildir. Ahlak değerleri galip gelebilir ama aşınma belirtileri aramanız gerekir.

Soru: Bir iş arkadaşınızın projenizi desteklemesini istiyorsunuz. Bunu yapacak mı, yapmayacak mı?

Cevap: Maliyetler arttıkça, şansınız azalır. Eğer sizi desteklemek ününe zarar verecekse, doğrudan çıkar maliyeti, ilişkinin değeriyle kıyaslanır. Yine, özgüven onu iyi görünene değil, doğru olanı yapmaya itebilir. LE-D tipi bir kişi, LE-A tipi birine oranla yardım etme-

AKLINDAKİNİ OKUYABİLİRİM!

ye daha eğilimlidir, çünkü kendisine kızmanızı veya sizi gücendirmeyi istemez.

Soru: Bir kadın biriyle çıkıyor ve karşısındaki erkeğin düşüncelerini tartmaya çalışıyor. Kendisinden hoşlandığına inanıyor ama bundan sonra ne yapacak?
Cevap: Özgüveni güçlüyse, kişi harekete geçme eğiliminde olacaktır. Güven seviyesi düşükse, kişi imajını güçlendirmeye çalışacaktır. Kendini daha iyi göstermek için, kadına sorular soracak ve iletişim kuracaktır. Kendine odaklanarak hareketlerine dikkat edecektir. Umutlarının yükselmesini engellemek için bir savunma mekanizması olarak, tamamen ilgisizmiş gibi de görünebilir.

Genel Profiller

Son olarak, en ilginç ve en önemli altı genel profile bir bakalım. Aşinalık size çok yardımcı olabilir.

Soru: Bir anlaşma yapma veya harekete geçme olasılığı en yüksek olan kimdir?
Cevap: Güveni yüksek, çıkarı büyük, yatırımı büyük ve özgüveni zayıf olan.
Ardında Yatan Mantık: Kişi, kovaladığı şeyde neredeyse çılgınca hareket edecektir. Güveni yüksek olduğundan, şansına inanamaz. Çıkarı büyük olduğundan, motivasyonu da yüksektir. Özgüveni zayıf olduğundan, böyle bir fırsatın kaçmasına izin veremez ve büyük ya-

tırım zaten değeri mantıklı bulduğunu gösterir ve "yatırımını" çöpe atarak öz-imajını daha da zedelemek istemez. Zayıf özgüven, ancak kişi kendini rahatsız bir durumda değerlendirdiği zaman devreye girer.

Soru: Genel olarak, bir anlaşmadan uzaklaşma olasılığı en yüksek olan kimdir?
Cevap: Çıkarı düşük, özgüveni güçlü ve yatırımı küçük olan.
Ardında Yatan Mantık: Çıkar yüksek olsa bile, duygusal bir çekim hissetmez. Bir eve baktığınızı düşünün. Beğenseniz bile, almamanız dünyanın sonu değildir ve dolayısıyla bakış açınız çarpılmaz. Bu profile ek olarak, güven seviyesi düşük olduğunda, bu örnekte kişinin çok az istekle hareket etmesini garanti gözüyle görebilirsiniz.

Soru: En kolay kim ikna edilebilir?
Cevap: Güveni düşük, çıkarı büyük olan.
Ardında Yatan Mantık: Araştırmalara göre, birçok durumda özgüven ikna edilmeyi iki şekilde etkilemektedir. Kendinizi seviyorsanız, egonuza seslenir ve yanılırsınız. Aynı zamanda, görüşünüze fazla güveniyor olabilirsiniz. Özgüveniniz zayıfsa, bir hata yaptığınızı kabullenmek daha zordur ama aynı zamanda etki taktiklerine açıksınızdır ve kendinizden daha az emin olursunuz. Her iki şekilde de, çok şey yatırmışsanız, karşınızdakini etkilemeniz mümkün olabilir ve yatırımınız küçükse, onu yeni bir yöne yönlendirme şansınız bir hayli yüksek olabilir.

AKLINDAKİNİ OKUYABİLİRİM!

Soru: Yanlış şeyi yapma (yalan söyleme, hile yapma veya çalma gibi) veya aynı şekilde, katı, inatçı, bükülmez olma olasılığı en yüksek olan kimdir?

Cevap: Özgüveni zayıf, çıkarı büyük, güveni yüksek ve ruh hali kötü olan.

Ardında Yatan Mantık: Bu profil, herhangi bir durumda psikolojik etkenlerin en kötü bileşimi olarak görülebilir. Doğrudan yüksek çıkar ve yüksek güven söz konusu olduğunda, kişi amacına ulaşacağını düşünür ve umursamaz davranır. Her iki tip de (LE-A ve LE-D) doğru şartlar altında yanlış hareket edebilir. Aslında, yanlış yapan kişinin "hep kendi başına, sessizce çalışan" kişi olduğunu duyarsanız şaşırmayın. Elbette ki kibirli kişi de bu tür davranışlar sergileyecek duygusal yapıya sahiptir.

Biraz güçle, kişi tam anlamıyla bir baş ağrısı olabilir. Özgüven zayıf ve güven yüksek olduğunda, en düşük işbirliği olasılığıyla karşılaşırsınız. Pozisyonuna inanır ve öz-değerini sonuçla tanımlar, çünkü özgüveni zayıftır.

Kötü ruh halini de hesaba katarsanız, psikolojik dinamik aşırı sinir ve mantık dışı hareket yaratacaktır. Kişi inatçı davranacak, her an her şeye tepki vermeye hazır olacaktır. Aynı zamanda, düşünceleri son derece eleştirel, yargılayıcı ve kendisi hakkında düşüncelerinize odaklanmış olacaktır, çünkü temelde yatan motivasyon, bir saygı arayışından kaynaklanmaktadır; aynı zamanda özgüvenin bir fonksiyonudur. Dolayısıyla, paradoksal bir şekilde, daha tartışmacı olacaktır, çünkü dünyayı imajının söz konusu olduğu bir yarışma olarak görecektir.

Soru: Her şey eşit olduğunda, kötü tercih yapma olasılığı en yüksek olan kimdir?
Cevap: Çıkarı büyük, özgüveni zayıf olan.
Ardında Yatan Mantık: İki etken birbiriyle son derece ilişkisizdir, çünkü büyük çıkar ve zayıf özgüven başlı başına bakış açısını çarpıtan etkenlerdir. Net göremediğimizde, iyi tercihler yapamayız. Zayıf özgüvenin tipi burada önemli değildir.

Soru: Esnek, dürüst ve güvenilir olma olasılığı en yüksek olan kimdir?
Cevap: Özgüveni güçlü, doğrudan çıkarı az ve ruh hali iyi olan.
Ardında Yatan Mantık: Bu profille, kişi esnek olmaya açıkça isteklidir. Özgüvenin güçlü olması, bir pozisyonu tutunmasına gerek olmadığını gösterir, çünkü ahlak değerleriyle çelişmediği sürece, egosunu bükmekten çekinmeyecektir. Düşük doğrudan çıkar, kişisel olarak umursamadığı anlamına gelir ama iyi bir ruh hali, cömert davranacağına işaret edebilir.

S.N.A.P., neredeyse her durumda önemli bir avantaj sağlar. Kişinin düşüncelerini ve psikolojisini, profil oluşturmak için onunla çok fazla zaman geçirmeden anlamanıza izin verir. Elbette ki kitapta gösterdiğimiz gibi, sistematik olmakla birlikte, profil oluştururken yanlış işaretlerden ve belirsizliklerden arınmanız mümkün değildir.

Ama nelere dikkat etmeniz, neleri dinlemeniz gerektiğini daha iyi anladıkça, karşınızdaki kişiyi analiz etmek sizin için neredeyse güdüsel bir hale gelecektir.

SONUÇ

Sevgili Okur,

1. Kısım'daki teknikler, insanları büyük ölçüde anlayıp analiz etmenizi sağlayacak, hemen her durumda avantaj sahibi olmanıza yardımcı olacaktır. 2. Kısım'daki yöntemlerde ustalaştığınızda, zaman içinde ikinci doğanız haline gelecektir. Bu olduğunda, hayatınızın tüm alanlarında size yardımcı olabilecek en önemli, en yararlı araçlardan birini kazanmış olacaksınız.

Bu kitabın, hayattaki değerli hedeflerinize ve amaçlarınıza ulaşmanızda yardımcı olmasını gönülden diliyorum. Gerçekten de, sizden yararlanılıp yararlanılmadığını, kullanılıp kullanılmadığınızı, karşınızdakinin yalan söyleyip söylemediğini bilmek, sizi gereksiz duygusal, finansal ve olası fiziksel zorluklardan koruyacaktır. Belki de, bu kitabı okuduktan ve stratejileri uyguladıktan sonra, insan doğasını da daha iyi anlayacaksınız. Bunun sonucu olarak, kendinizi daha iyi anlayıp analiz edeceksiniz ve bu da daha iyi, daha sağlıklı bir kişi olmanızı, daha zengin ve daha anlamlı ilişkiler yaşamanızı sağlayacaktır.

Size iyi bir yaşam ve iyi ilişkiler dilerim.

Her şey gönlünüzce olsun,
David

KAYNAKÇA

Adams, S. FBI Bulletin. (1994). *Statement analysis: what do suspects' words really reveal?*

Asch, S. E. (1956). Studies of independence and comformity: A minitority of one against a unanimous majority. *Psychological monographs,* 70.

Ekman, P. (1985). Telling lies: Clues to deceit in the marketplace, marriage, and politics. New York: Norton.

Caro, Mike. (2003). *Caro's book of poker tells.* New York, NY: Cardoza Publishing.

De Becker, Gavin. (1977). *The Gift of Fear.* New York, NY: Dell Publishing.

Dichter, Ernest. (1964). *Handbook of c onsumer motivations: The psychology of the world of objects.* New York, NY: McGraw Hill.

Gorn, Gerald. (1982). The effects of music, in advertising, on choice behavior: A classical conditioning approach. *Journal of Marketing,* 46(1), 94-101.

Freedman, J. L., Cunningham, J. A., & Krismer, K. (1992). Inferred values and the reverse-incentive effect in induced compliance. *Journal of Personality and Social Psychology,* 62, 357-368.

Freedman, J. L., & Fraser, S. C. (1996). Compliance without pressure: The foot-in-the-door technique. *Journal of Personality and Social Psychology,* 4.

Friedman, B. (2000, January). Designing casinos to dominate the competition: The Friedman International standards of casino design. *Institute for the Study of Gambling and Commercial Gaming.*

Hare, R. D. (1999) Without conscience: *The disturbing world of the psychopaths among us.* New York, NY: Guilford Press.

Lewicki, P. (1985). Nonconscious biasing effects of single instances on subsequent judgements. *Journal of Personality and Social Psychology,* 48, 563-574.

Lieberman, D. J. (1998). *Never be lied to again.* New York, NY: St. Martin's.

Lieberman, D.J. (2000). *Get anyone to do anything.* New York, NY: St. Martin's.

Lubow, R. E. & Fein, O. (1996). Pupillary size in response to a visual guilty knowledge test: New technique for the detection of deception. *Journal of Experimental Psychology: Applied,* 2(2), 164-177.

YAZAR HAKKINDA

Dr. David J. Lieberman, ödül kazanmış bir yazar olmasının yanı sıra, insan davranışları ve kişiler arası ilişkiler alanlarında dünya çapında tanınan bir otoritedir. Altı kitabında – on sekiz dile çevrilmiştir ve ikisi *New York Times* en çok satanlar listesine girmiştir – açıkladığı teknikler, FBI, A.B.D. Donanması, Fortune 500 şirketleri ve yirmi beşten fazla ülkede hükümet ve şirket yetkilileri ile zihin sağlığı uzmanları tarafından kullanılmaktadır. Dr. Lieberman'ın çalışması, dünya çapında yayınlanmaktadır ve 200'den fazla televizyon programına konuk uzman olarak katılmıştır. Doktorasını psikoloji alanında tamamlamış olan Dr. Lieberman, tüm ülkede çok çeşitli konularda konferanslar ve atölye çalışmaları düzenlemektedir. Halen New Jersey'de yaşamaktadır.